MW01232183

En la portada
VULTUS D. N. JESU CHRISTI

1

Casa de la Divina Voluntad

Nihil Obstat
Trani, 4 de marzo de 1997

†Carmelo Cassati
    Arzobispo

Las Horas de la Pasión

Luisa Piccarreta
La Pequeña Hija de la Divina Voluntad

1ª Edición 1º de noviembre del 2001
2ª Edición 11 de febrero del 2002
3ª Edición 16 de julio del 2002

RESPONSABLE DE ESTA PUBLICACIÓN
© **CASA DE LA DIVINA VOLUNTAD**
P. Carlos Massieu Avila
Marianela Perez
ISBN 0-9715254-0-4

Quien se interese por otros escritos, biografía o deseé alguna otra información con relación a la Sierva de Dios Luisa Piccarreta diríjase a:

Casa de la Divina Voluntad
5900 Leonardo St.
Coral Gables, FL 33146 (USA)
Tel.: (305) 667 5714 Fax: (305) 667 7173
E-mail: **CasaDivinaVoluntad@msn.com**

Casa de la Divina Voluntad
Sra. Lelia Debayle de Gurdián
3ª Calle Noreste, de la Petronic 75 varas abajo
León, Nicaragua
Tel.: (505) 311 1102

Quien reciba gracias o favores atribuidos a la intecesión de la Sierva de Dios, se le ruega que envíe relación a:

Postulación para la Causa de Beatificación de la Sierva de Dios Luisa Piccarreta
Palazzo Arcivescovile
70059 Trani, (BA), Italia.

Asociación Luisa Piccarreta
Vía Nazario Sauro, 25
70035 Corato, (BA), Italia
Tel.: (080) 898 2221

OBISPADO DE LEON
Apartado. 86- Tels. 311- 4820 y 311- 6469
Fax: 311-1132
LEON, NICARAGUA, C. A.

CESAR BOSCO VIVAS ROBELO

Obispo de León, Nicaragua

Este libro titulado "Las Horas de la Pasión", de la Sierva de Dios, Luisa Piccarreta, parece pequeño por su extensión, y sin embargo considero que es grande por la profundidad e importancia del tema que trata, y también por la forma original de aproximarse y sumergirse en la Pasión de Nuestro Señor Jesucristo.

Es un libro que se empezó a publicar a partir de 1915 por iniciativa del Beato P. Aníbal María Di Francia. Primero en Italia, después en Alemania, y desde hace unos años se difunde en América tanto en español, como en ingles.

La presente edición de "Las Horas de la Pasión", es una edición fiel a las antes mencionadas, es sencilla en su formato, y debido a esto será accesible a todos. Ha sido preparada por la Casa de la Divina Voluntad, de la que son responsables el P. Carlos Massieu Avila y Marianela Perez, que de este modo facilitan la difusión de este valioso libro entre todos los fieles.

Como todos sabemos, Nuestra Madre, la Santa Iglesia Católica, nació del costado abierto del Redentor, y por eso no cesa desde entonces, de meditar, contemplar y celebrar la Pasión de Nuestro Señor Jesucristo, pues de ella recibe la vida continuamente. Los Santos Evangelios se formaron y tienen como corazón, la Pasión, Muerte y Resurrección de Cristo. Y la Sagrada Eucaristía, que diariamente celebramos no es otra cosa sino la actualización de estos misterios, que constituyen el centro y el culmen de toda la vida cristiana.

Así que, por el lugar central que estos misterios deben ocupar en la vida de los fieles, con gusto bendigo y recomiendo la lectura de "Las Horas de la Pasión", que estoy seguro ayudará a quien las lea, a penetrar más profundamente en los abismos de dolor y de amor que inundaron el alma de Nuestro Salvador, y a identificar su voluntad, sus intenciones y sentimientos con los del Corazón de Cristo, que debe ser el anhelo de todo hijo de Dios. Además de que les ayudará a adquirir el "espíritu de reparación" que animó siempre a Jesús y que es tan necesario en nuestros días.

En la Vida y Pasión de Jesucristo Nuestro Señor se encuentran todos los remedios que necesita la humanidad y cada persona humana, para alcanzar la salvación y la santidad, que es el designio eterno de la Voluntad de Dios para cada uno de sus hijos; de ahí el valor, la importancia y la fecundidad de esta obra en nuestros días.

Que la Virgen María, Nuestra Madre, que conservaba y meditaba todas estas cosas en su Corazón, comunique a todos los que quieran unirse a Ella y a su Hijo, mediante este santo ejercicio: la vida, el amor y los sentimientos que inundaron sus Corazones en la realización de la gran obra de nuestra Redención, y haga que produzca abundantes frutos espirituales en nuestra diócesis y en toda la Iglesia.

León, Nicaragua, 1º de noviembre del 2001
Solemnidad de todos los Santos

Mons. Giovan Battista Pichierri
ARCIVESCOVO
DI TRANI - BARLETTA - BISCEGLIE
TITOLARE DI NAZARETH

Re.mo P. Carlos MASSIEU Avila O.R.C.
Sra Marianela PEREZ
Casa de la Divina Voluntad
5900 Leonard St.
5901Coral Gables , Fl. 33146
U.S.A.

     In conformità con quanto vi concesse il mio predecessore S. E. Mons. Carmelo Cassati, avendo preso atto del vostro lodevole impegno di guida spirituale dei gruppi di preghiera che si sono formati in seguito alla conoscenza della spiritualità della Serva di Dio, Luisa Piccarreta, vi concedo di continuare il lavoro intrapreso rendendolo noto agli Ordinari Diocesani dei luoghi in cui si trovano detti gruppi.

     In attesa della decisione del Tribunale della Causa di Beatificazione di Luisa, vi faccio presente che è proibito divulgare qualsiasi scritto copiato o tradotto dai diari originali, prima della pubblicazione dell'edizione tipica.

     E' concesso di offrire alle persone per la preghiera e la meditazione i libretti con l'imprimatur di S.E. Mons. Carmelo Cassati:

EL SANTO ROSARIO DEL FIAT VOLUNTAS TUA
THE ROSARY OF THE FIAT VOLUNTA TUA
LA NOVENA DE LA SANTA NAVIDAD
EL PASEO DEL ALMA EN LA DIVINA VOLUNTAD
THE ROUNDS OF THE SOUL IN THE DIVINE WILL

     Per quanto riguarda il testo " LOS ESCRITOS SOBRE LA SANTA NAVIDAD ", si deve attendere ancora la pubblicazione della "edizione tipica

     Vi accompagno con la mia benedizione e preghiera fraterna.

TRANI: 06-10-2003

+ Giovan B. Pichierri

8

Presentación

La Sierva de Dios Luisa Piccarreta, la autora de este libro, nació en Corato, Bari, Italia, el 23 de abril de 1865, donde vivió toda su vida y murió, en olor de santidad, el 4 de marzo de 1947. Fue hija de una familia humilde. Ella era la cuarta de cinco hermanas.

Su formación académica fue sólo hasta el primer grado de primaria. Su intimidad con el Señor empezó desde los primeros años de su vida, pero adquirió características especiales a partir de su Primera Comunión, que recibió a la edad de nueve años.

A los 17 años de edad, Nuestro Señor Jesucristo le pidió que se ofreciera como víctima de amor y reparación, para darle consuelo y reparación y obtener gracias para la conversión y salvación de sus hermanos. Luisa aceptó, y con amor e indecibles sufrimientos cumplió, durante el resto de su vida el oficio que Jesús le confió. Uno de los efectos que producía en ella su condición de alma víctima era la de tener que estar siempre en cama. De manera que desde los 17 años hasta su muerte, ella estuvo en cama. Esto no era debido a ninguna enfermedad.

Además de estar siempre en cama, participando místicamente de la Pasión de Cristo, vivió prácticamente sin comer, alimentándose sólamente de la Sagrada Eucaristía, que era, para Luisa, su vida. A su casa venía diariamente un sacerdote, nombrado y encargado por el Arzobispo de la diócesis, a celebrar la Eucaristía. Tuvo varios confesores designados por el Obispo, a lo largo de su vida.

Su vida se desarrolló siempre bajo la mirada y obediencia a sus confesores. A partir de 1899 recibió la obediencia de poner por escrito todo lo que ocurría en su vida interior; el fruto de esta obediencia fueron 36 volúmenes, que ella escribió, comenzando desde esa fecha hasta 1938. Además, escribió el libro de "Las Horas de la

Pasión", "La Virgen María en el Reino de la Divina Voluntad" y "El Paseo del alma en la Divina Voluntad"; también se conserva una buena cantidad de su correspondencia epistolar y de oraciones escritas por ella. Los primeros 19 volúmenes de sus escritos, además de tener el "Nihil Obstat" del Beato P. Aníbal María Di Francia, -nombrado por el Obispo como Censor Eclesiástico-, recibieron también el Imprimatur del Arzobispo de Trani Mons. Joseph M. Leo.

La Causa de Beatificación de Luisa fue abierta en la Solemnidad de Cristo Rey, el 20 de noviembre de 1994.

Queremos añadir a lo antes mencionado algunos párrafos que el P. Di Francia dejó escritos acerca de Luisa, el 29 de octubre de 1926, y que complementan los datos biográficos antes ·citados. Se trata de un precioso testimonio del P. Di Francia, quien conoció a Luisa y trató con ella durante 17 años, y nos ayudan a conocer mejor a la autora de este libro:

"...Ella quiere vivir solitaria, oculta y desconocida. Por ninguna razón habría puesto por escrito las íntimas y prolongadas comunicaciones con Jesús adorable, desde su más tierna edad hasta hoy, y que continúan quién sabe hasta cuándo, si Nuestro Señor mismo no la hubiera obligado, ya sea directamente por Él o por medio de la santa obediencia a sus Directores, obediencia a la que siempre se rinde con gran violencia por su parte, junto con una gran fortaleza y generosidad, porque el concepto que ella tiene de la obediencia le haría rehusar aun la entrada al Paraíso."

"...Y esto constituye uno de los más importantes caracteres de un espíritu verdadero, de una virtud sólida y probada, y además se trata de cuarenta años en los que, con la más fuerte violencia contra sí misma, se somete a la gran Señora Obediencia, la que la domina."

"Esta Alma Solitaria es una virgen purísima, toda de Dios, objeto de singular predilección del Divino Redentor Jesús."

"Nuestro Señor, que de siglo en siglo acrecienta siempre más las maravillas de su amor, parece que de esta virgen, a quien Él llama la más pequeña que haya encontrado en la tierra, desprovista de toda instrucción, ha querido formar un instrumento apto para una misión tan sublime a la que ninguna otra puede comparársele, esto es, para el triunfo de la Divina Voluntad en la tierra, de conformidad con lo que está dicho en el Pater Noster: Fiat Voluntas Tua, Sicut in Coelo et in Terra."

"Esta Virgen del Señor, desde hace más de cuarenta años, desde que era adolescente, fue puesta en cama como víctima del amor divino. Y durante todo este tiempo ha vivido una larga serie de dolores naturales y sobrenaturales, de embelesamientos de la caridad eterna del Corazón de Jesús. La casi continua y alternada "privación de Dios..." ha sido el origen de unos dolores que exceden todo orden."

"A los sufrimientos del alma se agregan también los del cuerpo, todos originados por el estado místico. Sin que ninguna señal aparezca en las manos, en los pies, en el costado o en la frente, ella recibe de Nuestro Señor mismo una frecuente crucifixión... Y si Jesús no lo hiciera así, sería para esta alma un sufrimiento espiritual inmensamente mayor... Y ésta es otra señal de verdadero espíritu."

"Después de cuanto hemos dicho acerca de la larga y continua vida de años y años en una cama en calidad de víctima, con participación de tantos dolores espirituales y corporales, podría parecer que la vista de tal desconocida virgen debería ser una cosa dolorosa y aflictiva, pues sería ver a una persona que yace con todas las señales de los dolores sufridos, pero aquí hay otra cosa admirable: Esta Esposa de Jesús Crucificado, que pasa las noches en éxtasis dolorosos y en sufrimientos de todo género, al verla luego en el día, medio sentada en su cama, trabajando en sus bordados, nada, nada se transparenta, ni lo más mínimo, de alguien que en la noche haya sufrido tanto. Ningún aire de extraordinariedad o de sobrenaturalidad. Se ve en todo con el aspecto de una persona sana, alegre y jovial; habla, discurre y a veces ríe, si bien recibe a pocas personas amigas."

"La vida de esta virgen Esposa de Jesús es más Celestial que terrena, y quiere pasarla en el mundo ignorada y desconocida, no buscando sino a Jesús y a su Santísima Madre, quien la ha tomado bajo su particular protección."

Hasta aquí el testimonio del P. Aníbal Di Francia.

Luisa rezando el Santo Rosario

A Luisa la llamaban en su pueblo "Luisa la Santa", y Jesús la llamaba "La Pequeña Hija de su Voluntad." Este último nombre corresponde a la misión para la que Él la eligió: la misión del **"Hágase tu Voluntad, como en el Cielo, así en la tierra."**

Las raíces de esta misión tienen su origen en el misterio Eterno de Dios y del Verbo Encarnado, que vino a este mundo para salvarnos y restablecer en nosotros el reino de su Voluntad, que es la finalidad para la que todo fue creado. Con su propia vida y sus enseñanzas, Jesús nos va descubriendo este misterio.

Él, además de tener como vida la Voluntad de su Padre, enseñó a rezar a los Apóstoles el "Padre Nuestro", para que la Iglesia fielmente nos lo enseñara y nos lo hiciera repetir a todos. Y la Iglesia así lo ha hecho. Jesús le explica a Luisa que en estas palabras que continuamente su Iglesia eleva al Padre, está encerrado un Decreto Eterno, tan grande como el de la Creación y el de la Redención del mundo, y que el tiempo de su cumplimiento se acerca. Él quiso que durante 40 años Luisa escribiera, sobre este importantísimo tema, casi diez mil páginas. En ellas, se nos ofrece una preciosa ayuda para comprender mejor la grandeza del Reino que pedimos desde hace 2000 años, y las dimensiones y profundidad que encierran las palabras "Hágase tu Voluntad en la tierra como en el Cielo", además de indicarnos cómo estas palabras tendrán cumplimiento en medio de nosotros.

A través de esta hija de la Iglesia, hermana nuestra, Jesús nos invita a todos a prepararnos para entrar en la plenitud de su Reino, que consiste en vivir una perfecta comunión con su Voluntad Divina. Este Reino es el más grande tesoro que contienen el Corazón de Cristo y el Corazón Inmaculado de María, es el fruto más precioso de todo lo que Ellos hicieron y sufrieron, así como la excelsa meta hacia la que nos conduce la Iglesia. A medida que conozcamos mejor qué significa "Voluntad de Dios", la amaremos, la suspiraremos y la iremos poseyendo según el plan de Dios; y esto introducirá a la familia humana en la época más bella de su historia. El Papa Juan Pablo II dice que nuestro Padre Celestial está preparando una "primavera espiritual" para toda la humanidad. ¿Qué otra puede ser, sino la época en la que la Voluntad de Dios y su amor reinen en la tierra como en el Cielo?

Hacia esta espléndida meta estamos caminando; sin embargo, el Señor no llevó a Luisa a las alturas del Eterno Misterio de su Voluntad, Principio, Medio y Fin de todo, sino a través de su Humanidad Santísima, y Ésta, crucificada. Jesús formó a Luisa y la preparó para su misión en la escuela de la Pasión, del amor a la Cruz, de la Eucaristía, de la oración, de la filial relación con María, de la obediencia fiel a la Iglesia, representada en sus ministros, y del aprecio a todas las virtudes; en la escuela de la negación de sí misma, del amor al prójimo, del trabajo humilde y callado, del silencio, de la alegría y de la paz aun en medio de las más indecibles desolaciones espirituales y sufrimientos corporales.

Por eso, querido lector, queremos ofrecerte este libro para que la contemplación e identificación con la Pasión de Cristo sea, también para ti, el ejercicio espiritual cotidiano y el camino que te conduzca a la plenitud de la verdad y de la vida; y que te ayude, como a Luisa, a seguir creciendo en el conocimiento y amor a la Divina Voluntad, que quiere reinar en ti y en todos, como en el Cielo, así en la tierra.

El Papa Juan Pablo II beatificó al Padre Aníbal María Di Francia el 7 de octubre de 1990, y lo propuso como ejemplo y modelo para los sacerdotes y para todos los fieles. El Beato publicó cuatro ediciones de estas "Horas de la Pasión", siempre con el Imprimatur y el Nihil Obstat.

Casa de la Divina Voluntad
P. Carlos A Massieu
Marianela R. Pérez

Prólogo

Este Prólogo fue escrito por el Beato P. Aníbal María Di Francia.

La presente obra, si bien publicada bajo mi nombre, o mejor, a mi cargo, no ha sido escrita por mí. Yo la conseguí, la obtuve, después de mucho insistir, de una persona que vive solitaria en íntima comunión de inefables sufrimientos con nuestro adorable y divino Redentor Jesús, y no sólo con los de Él, sino también con las penas de su Santísima e Inmaculada Madre María.

Esta persona inició la serie de sus meditaciones a partir del siguiente suceso:

Tenía la edad de trece años cuando, mientras se encontraba un día en su estancia, escuchó ruidos extraños, como de una multitud de gente ruidosa que pasara por la calle. Corrió al balcón, y asistió a un espectáculo conmovedor. Una turba de feroces soldados, con cascos antiguos, armados con lanzas, con aspecto como de gente ebria y enfurecida, y cuyo caminar se mezclaba con gritos, blasfemias y empellones, llevaba entre ella a un hombre encorvado, vacilante y ensangrentado. ¡Ay, qué escena! El alma contemplativa se conmueve y se estremece. Mira entre la turba para ver quién es ese hombre, ese infeliz así maltratado, así arrastrado. Ese hombre se encuentra ya bajo su balcón, y levantando su cabeza, la mira, y con una voz profunda y lastimera, dirigiéndose a ella, le dice: "¡Alma, Ayúdame...!"

¡Oh Dios!, el alma se fija, lo mira, lo reconoce, ¡es Jesús!, es el Redentor divino, coronado de espinas, cargado con la pesada cruz, quien es cruelmente llevado hacia el Calvario.

La escena de la Vía Dolorosa se le presenta ante la mirada espiritual y corporal. Lo que sucedió veinte siglos atrás se le hace presente por la divina omnipotencia, y Jesús la mira y le dice: "¡Alma, ayúdame...!"

En ese momento la jovencita, a punto de desvanecerse ante tal vista y no pudiendo soportar tan desgarrador espectáculo, rompe en llanto y deja el balcón para entrar a la estancia, pero el amor y la compasión que han surgido hacia el Sumo Bien, así reducido, la llevan de nuevo al balcón. Temblando, dirige su mirada hacia la calle, pero todo ha desaparecido: desaparecida la turba, desaparecidos los gritos, desaparecido Jesús. Todo ha desaparecido, excepto la viva imagen de Jesús sufriente que fue al Calvario a morir crucificado por amor a nosotros y el sonido, siempre vivo, de esa voz: "¡Alma, ayúdame...!"

El alma solitaria, en el florecer de su juventud espiritual, fue presa en aquel momento de un amor tal hacia Jesús sufriente, que ni de día ni de noche ha podido dejar de meditar con la más profunda contemplación de amor y de amoroso dolor, en los sufrimientos y en la muerte del adorable Redentor Jesús. Muchos años han transcurrido desde el día de aquella visión, de aquella doliente invitación: "¡Alma, ayúdame...!", y la persona a quien fueron dirigidas estas palabras no ha dejado nunca sus dolorosas contemplaciones.

No me es lícito manifestar su nombre, ni el lugar donde sencillamente y en la soledad ella vive. Me contentaré con llamarla simplemente con el nombre de "Alma", y a este nombre lo complementaré frecuentemente con adjetivos de toda clase, tanto en el curso de esta introducción como en el cuerpo de las meditaciones de este libro.

Antes que todo, hay que decir que cualquier meditación acerca de la Pasión de Nuestro Señor Jesucristo es de suma complacencia al Corazón adorable de Jesús y de sumo provecho espiritual para quien devotamente la hace.

Por esto leemos en las revelaciones de Santa Gertrudis, de Santa Matilde, de la Venerable Le Royer, del Beato Enrique Susson, y de muchos otros santos contemplativos, que Jesucristo mismo les ha revelado que Él acepta la piadosa contemplación de sus divinos padecimientos como si en el tiempo de su Pasión el alma que hoy lo compadece lo hubiera ayudado y socorrido, le hubiera dado alivio y descanso en sus mismos brazos y en su mismo Corazón.

Y es tan grande el bien espiritual que obtiene un alma de la asidua y cotidiana meditación de los padecimientos de nuestro amorosísimo Bien Jesús, que no hay lengua humana que pueda dignamente expresarlo. Ante todo, es imposible que el alma no se sienta inflamada, de día en día, de amor hacia el Divino Redentor, Jesús. Aquí se realiza lo dicho por el Profeta: "In meditatione mea exardescit ignis" (En la meditación el fuego se enciende). ¿Y cómo podrá quedar indiferente un alma considerando diariamente los excesos, o mejor, los extremos de la Pasión de Nuestro Señor?

¿Y cuáles son estos extremos? En primer lugar: ¿Quién es Aquel que se somete a padecer y a las humillaciones? ¡Es el Hijo Eterno del Eterno Padre; Dios igual al Padre; Creador, con el Padre, del Cielo y de la tierra, de los ángeles y de los hombres! Aquel que si mira indignado la tierra, la tierra tiembla y los montes eructan. Aquel bajo cuyos pies se inclinan los más sublimes coros de los ángeles. Aquel de quien nadie puede hablar dignamente, y cuyas grandezas son tan infinitas que ni siquiera María Santísima puede llegar a comprenderlas enteramente. Ése es Jesucristo, Hombre y Dios, el Santísimo, de belleza inenarrable; la dulzura, la bondad y caridad infinitas. Y este Hombre Dios, digno de todas las adoraciones y de los homenajes de los ángeles y de los hombres, es Aquel que por nuestro amor se hizo como un leproso, escarnecido y humillado, colmado de oprobios y pisoteado como un vil gusano de la tierra.

En segundo lugar: ¿Cuáles son las penas que sufrió? Estas son de tres clases: Sufrimientos corporales, ignominias y sufrimientos interiores. Cada una de estas tres categorías es un abismo inconmensurable.

Si contemplamos los padecimientos que sufrió Jesucristo Nuestro Señor en su cuerpo adorable, nos estremecemos ante el Varón de Dolores, como lo llamó Isaías, y en el Cual no había parte sana, porque se hizo una sola llaga, desde las plantas de los pies hasta el extremo de la cabeza, hasta el punto de quedar irreconocible: "Et vidimus eum et non erat aspectus". (Y lo vimos y no era de mirarse. Is. 53, 2).

Meditando en los padecimientos de la Humanidad Santísima de Jesucristo, nuestro Sumo Bien, los santos se deshacían en lágrimas, se desvanecían de amor y no cesaban de flagelarse y mortificarse de todas las maneras, a sí mismos.

Otra categoría de inauditos padecimientos son las ignominias sufridas por el Verbo Divino hecho Hombre. Aquí, el alma contemplativa siente que se desmaya, viendo la majestuosa, divina y sacrosanta Persona de Jesucristo, abandonada a la ferocidad, más diabólica que terrena, de los pérfidos y vilísimos hombres que no se saciaban de cubrir de ultrajes e ignominias al Omnipotente, al Eterno, al Infinito. Y golpearlo, arrojarlo a tierra, pisotearlo, arrastrarlo, darle puñetazos, puntapiés, escupirle en su rostro santísimo, en su boca adorable, colmarlo con toda clase de injurias. ¡Qué espectáculo inexpresable, que ha incitado a los siervos de Dios a desear, a suspirar los ultrajes, las ignominias y los desprecios como el más grande tesoro que puede haber en esta tierra!

Una tercera serie de penas inefables del Hombre-Dios, y poco o nada comprendidas, son las que Él sufrió en su alma santísima y en su amorosísimo y sensibilísimo Corazón.

¡Aquí entramos en un océano sin playas! En un grado infinito Él sufrió las tristezas, las angustias, los dolores, el abandono, la infidelidad, la ingratitud, los temores, los terrores. Como cuatro inmensas cataratas se derramaban en su interior, por cuatro motivos, las aguas de todas las penas que se dicen del alma:

Primera: La vista horrenda de todas las iniquidades humanas, que Él había tomado sobre sí como si Él hubiese sido el responsable y el culpable. ¡Él, que era la Santidad Infinita!

Segunda: La vista continua de las cuentas que debía rendir a la justicia inexorable de la Divinidad, y las penas con las que debía pagar todo.

Tercera: La vista amarguísima de todas las ingratitudes humanas, y el terrorífico espectáculo mismo de todas las almas que se habrían condenado y para las cuales su Pasión no habría servido sino para hacerlas más infelices eternamente.

¡Oh, qué dolor para el Corazón Santísimo de Jesús, que ama infinitamente a cada alma! Por esto, Él habla con el Profeta, diciendo: "Doloris Inferni circumdederunt me" (Los dolores del infierno me circundaron. Sal. 17, 6). Como si dijera: Siento en mí los acerbísimos dolores en los que serán atormentados eternamente los pecadores que se condenarán.

Cuarta: La vista de todas las aflicciones que habría de sufrir su Santa Iglesia. La vista de todas las penas corporales y espirituales a las que habrían de ser sometidos inevitablemente todos los elegidos, tanto en esta vida como en el Purgatorio, y mucho más, la pena del detrimento de los elegidos en las virtudes y en la adquisición de los bienes eternos, habiendo Él dicho que la adquisición de todo el Universo no es de compararse a un simple detrimento del espíritu. "¿Quid enim proderit homini, si lucretur mundum totum, et detrimentum animae suae faciat? (¿De qué sirve al hombre ganar todo el mundo, y perder su alma? Mc. 8, 36). Uno de los extremos de estas interminables categorías de padecimientos del alma y del cuerpo de Nuestro Señor Jesucristo que ha de considerarse también es su duración, la cual no es desde el Jueves Santo en la tarde hasta el Viernes Santo, sino desde el primer instante de su Encarnación, en el Seno Purísimo de María Virgen, hasta el último respiro dado en la cruz. Son treinta y cuatro años de continua agonía y de un continuo e inefable sufrir del alma y del cuerpo, en lo que se realiza de un modo misterioso la palabra del Profeta: "Abyssus abyssum invocat, in voce cataractarum tuarum". (Un abismo llama a otro abismo, al fragor de tus cataratas. Salmo 41, 8).

El alma santísima de Jesucristo, bajo el ímpetu y la caída continua de las cataratas anegadoras de sus penas espirituales y de las agonías de su Corazón Divino, pasaba de abismo en abismo, porque un abismo de penas llamaba a otro y a otro, hasta lo infinito. ¡Ah, Él debía pagar en si mismo toda la deuda de culpa y de pena eterna de sus elegidos y sentir todas sus penas temporales!

De aquí venía que Nuestro Señor amorosísimo moría en todo momento, en cuanto que el colmo de sus penas era tal que como puro Hombre Él habría muerto a cada instante, pero que, como Dios, sostenía con un milagro continuo su vida mortal para prolongar hasta el fin sus padecimientos y coronarlos con todos los dolores y los ultrajes de su Pasión y de su muerte de cruz.

¡Cuán cierto es entonces que estamos obligados ante Nuestro Sumo Bien Jesús, no por una sola muerte, sino por miles y cientos de miles de muertes por amor a nosotros!

Y sin embargo, Jesucristo Nuestro Señor, tratando con sus criaturas durante los treinta y tres años y tres meses de su vida terrena, aparecía calmado, dulce, sereno, tranquilo, manso, conversador, y hasta sonriente. Él mantuvo perfectísimamente y comunicó este estado de tanta paz y serena quietud en medio de abismos absolutamente inescrutables de penas interiores, diciendo por boca del Profeta, con una expresión que sólo el Espíritu Santo podía dictar: "Ecce in pace amaritudo mea amarissima". (He aquí en la paz mi amargura amarguísima. Is. 38, 17).

Otro extremo, o mejor, exceso, que debe meditarse en la Pasión adorable de Jesucristo Nuestro Señor es que para salvar nuestras almas, para redimir a todo el mundo, no era en realidad necesario que Él sufriera las penas inefables del Alma y del Cuerpo a que quiso sujetarse, ni todas las ignominias a que quiso someterse. Hecho Hombre en el seno Inmaculado de su Santísima Madre, le bastaba elevar una sola oración a su Padre, hacer un solo acto de adoración a la Divinidad, derramar una sola gota de su sangre preciosísima, cuanta puede derramarse por una pequeña herida hecha con la punta de un alfiler, y con esto habría podido redimir no un mundo sólo, sino millones y millones de mundos, pues cada acción, aun la más pequeña, del adorable Señor Nuestro Jesucristo era de valor infinito.

Pero ¿por qué, entonces, quiso ser más que inundado, sumergido en tantos crudelísimos, acerbísimos y dolorosísimos tormentos, penas, ignominias y agonías, que lo hicieron decir con el Profeta: "Veni in altitudinem maris et tempestas demersit me"? (Me he adentrado en alta mar y la tempestad me ha anegado. Sal. 68, 3). ¡Oh misterio del amor infinito del Corazón de Jesús! Lo que bastaba para redimir millones de mundos era nada para su amor por nosotros. Él quiso mostrarnos cuánto nos ama, hasta dónde se extiende su amor por nosotros, y quiso prepararnos una Redención copiosa de demostraciones, de expiaciones, de ejemplos admirables y de inobjetables argumentos y pruebas de su tiernísimo amor. ¡Ah, qué bien dijo el Apóstol Pablo: "Si quis non amat Jesum Christum anathema sit"! (Quien no ama a Jesucristo sea maldito). ¿Y qué corazón es el nuestro si somos insensibles a un amor que para convencernos y atraernos se quiso manifestar a nosotros con penas tan inauditas como continuas?

Ah, una de las causas de esta nuestra dureza e insensibilidad es precisamente el imperdonable descuido en meditar y considerar cotidianamente la Pasión adorable de Nuestro Sumo Bien. Jesús no se cansó de sufrir y agonizar treinta y cuatro años, en su alma y en su cuerpo, por nosotros. Y nosotros ¿nos cansamos en dirigir, la mirada del alma por lo menos una media hora al día, a meditar penas tan inefables sufridas por amor a nosotros por el Hijo de Dios hecho Hombre, el Santo de los Santos, el Impecable, que por nosotros se hizo pecado, esto es, víctima de todos los pecados, como lo proclamó el enamorado Bautista? Por todo lo cual, sabiamente San Buenaventura escribe: "Non debet nos taedere meditari quod Christum ipsum non taesuit tolerari". (No debemos nosotros cansarnos en meditar en lo que Jesucristo no se cansó en soportar en Él mismo).

Pero otro extremo de tan infinito amor debemos considerar en la dolorosa e ignominiosa Pasión de Nuestro Señor Jesucristo. Un extremo que es como el golpe decisivo para destrozar la frialdad y dureza de nuestro corazón y encadenarlo todo al amor del Eterno Divino Amante de las almas; extremo que si no sirve para conmovernos, servirá para hacernos reos de la más culpable crueldad y para precipitarnos por el camino de la perdición. Este extremo, sí, es considerar que todo lo que Jesucristo Nuestro Señor sufrió por amor y por la salvación de todas las generaciones humanas, es decir, por un número interminable de almas, lo sufrió igualmente por cada alma en particular. Es decir, que si en el mundo no hubiera existido sino una sola alma, por aquella sola alma Nuestro Señor Jesucristo habría hecho y sufrido cuanto hizo y sufrió por la redención de todo el género humano. O sea, oh lector o lectora mío, que si en el mundo no hubiera existido sino sólo tu alma que salvar, por ti solo el Hijo de Dios habría bajado del Cielo a la tierra, se habría encarnado tomando un cuerpo pasible, habría sufrido treinta y cuatro años, sin un solo instante de tregua, en el alma y en el cuerpo; se habría entregado por ti solo en manos de los mismos sufrimientos, de los mismos ultrajes, de las agonías, de los flagelos, de las espinas, de la misma cruz y de la misma muerte. ¡Sí, así es! Pues es verdad que Nuestro Señor Jesucristo ama tanto a un alma cuanto ama a todas las almas juntas, presentes, pasadas y futuras.

¿Quién podrá permanecer indiferente ante esta caridad infinita? El alma que contempla la dolorosa e ignominiosa Pasión del Redentor Divino, debe contemplarla con esta consideración; debe decir: Por mí, Jesús sufrió treinta y cuatro años; por mí, sudó sangre en el Huerto; por mí, se dejó capturar; por mí, se dejó conducir a los injustos tribunales; por mí, soportó ignominias, golpes, escupitajos, empellones; por mí, se dejó flagelar, coronar de espinas, condenar a muerte; por mí, subió al Calvario, se dejó crucificar, agonizó tres horas, sufrió la sed, la hiel, el vinagre, el abandono; por mí, por amor a mí, murió sumergido en un abismo de sufrimientos.

¡Qué ingratitud, olvidarse de Jesús sufriente, esto es, de cuánto sufrió por amor a nosotros, que no somos más que vilísimos gusanos! ¿Es que acaso Él tenía necesidad de nosotros? ¡Ah, Él, que sin criatura alguna habría sido, por virtud de su misma Divinidad, eterna e infinitamente feliz, como lo es!

Una Comparación

La enorme ingratitud del hombre que no corresponde amor por amor y se olvida de cuanto por él ha sufrido el Sumo y Eterno Amante, se demuestra con esta comparación, propuesta por el gran Doctor de la Iglesia, San Alfonso M. de Ligorio, y que yo quiero reproducir aquí, ampliándola:

Un esclavo, por sus delitos fue condenado a muerte por un rey. Puesto en la cárcel, entre cadenas esperaba temblando el momento de ser conducido al patíbulo. Pero el rey tenía un hijo único que era toda su delicia. Este joven príncipe, por una bondad incomparable, hacía tiempo que albergaba un gran afecto, junto con una gran compasión, por aquel mísero esclavo. Habiendo conocido el estado infeliz en que aquel se encontraba, ya próximo a ser ajusticiado, fue invadido por tal dolor, por tan tierno y piadoso amor que, presentándose ante su padre y arrojándose a sus pies, con lágrimas y suspiros le suplicó que perdonara al mísero esclavo y que revocara la terrible sentencia. El padre, que amaba inmensamente a su único hijo, fue preso también él de un profundo e inaudito dolor en lo más íntimo de su corazón, y dirigiéndose a su hijo, le dijo: "Oh hijo mío y delicia de mi corazón, grande es mi pena por haber sido obligado a condenar a muerte a aquel esclavo culpable, y tú bien conoces las inevitables exigencias de mi tremenda justicia. Tú sabes que yo no puedo, sin gran deshonor mío, dispensarme de exigir una satisfacción digna de mi majestad ultrajada; y la satisfacción puede venirme sólo de la muerte del culpable, pues se necesita que mi justicia sea satisfecha."

"Padre mío amantísimo, replicó el joven príncipe, es tiempo ya de que yo os manifieste que mi amor por este esclavo es tal y tanto que yo no puedo resistir ante el solo pensamiento de su condena; por tanto, oh padre mío, ya que vuestra justicia no puede revocar la terrible sentencia, yo os pido una gracia, pero vos, padre mío, prometedme que me la concederéis". "Hijo mío, agregó el rey, yo empeño mi palabra de que, con que no me pidas lo que pueda lesionar mi justicia, cualquier otra gracia te la concederé". Empeñada así la palabra del padre, el hijo, rompiendo en lágrimas de amor, le dijo: "Padre mío, padre y señor mío, aceptad a otra víctima y dejad libre al esclavo". "¿Otra víctima?", exclamó el padre. "Oh hijo mío amadísimo, para poder yo aceptar otra víctima en lugar del culpable, ésta debería ser no otro esclavo, no un ser cualquiera, sino una víctima digna de mi majestad ofendida, uno igual a mí. ¿Y dónde encontrar a esta tal víctima?" "¡Heme aquí, heme aquí, padre, esta víctima soy yo!", respondió el hijo. "¡Ecce ego, mitte me (Is. 6, 8). ¡Mandadme a mí, mandadme a mí a la muerte! ¡Muera yo y viva el esclavo! ¡Ésta es la gracia que os pido y que habéis empeñado vuestra palabra en concedérmela!" Oh momento tremendo. El rey no puede retirar su palabra. Su justicia no puede evitar el tener una satisfacción. Y queda obligado a aceptar el cambio, y lo acepta. Pero el generoso hijo no está aún satisfecho, y le pide a su padre otra gracia más y le dice: "Padre mío, en este momento no podéis negarme nada, yo os suplico que al esclavo culpable no sólo lo perdonéis de corazón, sino que además lo toméis y lo recibáis como hijo en mi lugar, y lo hagáis participe en todos los bienes de vuestro reino y heredero de los mismos". ¡El rey y padre está vencido! Traspasado por el dolor y profundamente conmovido, concede todo al hijo. El cual inmediatamente, despidiéndose de su padre y rey, se encamina a la prisión del esclavo, hace abrir la puerta, quita de sus manos las cadenas al culpable, lo besa tiernamente, lo estrecha a su noble corazón con un fuerte abrazo, y llorando le dice: "¡Oh esclavo, mira cuánto te he amado! Eres ya libre, eres el nuevo hijo y el heredero del rey, mi padre, el cual te acogerá en su seno como a mi misma persona, pero yo voy a morir en tu lugar para satisfacer la justicia de mi padre y rey. ¡Adiós, hermano mío amado, hijo de mi dolor y de mi muerte!

¿Ves cuánto te amo? ¡Tú pecaste, y yo pago por ti! ¡Antes de morir sufriré, según la ley del reino, mil torturas, que debías sufrir tú, y luego seré llevado al patíbulo! ¡Pero una sola cosa te pido: Que no te olvides de cuánto te amé y de cuánto por ti voy a sufrir. No me seas ingrato desconociéndome, y prométeme que te acordarás siempre de las torturas y de los tormentos a cuyo encuentro voy por amor a ti, y de la muerte ignominiosa que voy, por ti solo, a sufrir. ¿Me lo prometes?"

En este punto considera, oh lector mío, cuál habría sido tu respuesta si tú te hubieras encontrado en el lugar de aquel esclavo culpable.

Seguramente que, arrojándote a los pies de tan enamorado príncipe, en medio de un diluvio de lágrimas le hubieras dicho: "¡Oh generoso e inapreciable príncipe! ¡Ah nobilísimo corazón, rico de inefable bondad y caridad! ¿Qué habéis encontrado en mí para amarme hasta este exceso? Yo he pecado. Yo, miserable esclavo que nada valgo, seré libre, seré hijo del gran rey, partícipe de los bienes de su reino, su heredero. ¡Mi infelicidad será cambiada en una suerte tan inmensamente grande que no podría ni soñarla! ¡Y todo esto sólo porque vos os habéis ofrecido a sufrir y a morir por mí, oh generosísimo amante mío! Y ahora vos, en este momento en que os encamináis al encuentro de los tormentos y de la muerte en el patíbulo por amor a mí, me pedís el favor de que yo no olvide vuestros dolores y vuestra muerte, ni el amor con el que, para hacerme feliz, los abrazáis. Ah, mi tiernísimo amante, ¿cómo podré jamás olvidarlos? ¡No, no! ¡Desde este momento mi vida no será sino una vida de lágrimas, pensando en cuánto habéis sufrido y la muerte que habéis encontrado por amor a mí! ¡Os prometo, os juro que recorreré todos los días el mismo camino por el que ahora vais a morir, me postraré sobre vuestra tumba y ahí pensaré en vuestro amor, en las ternuras para mí, de vuestro nobilísimo corazón; tendré continuamente en mi pensamiento las torturas que, por el riguroso decreto real, me correspondía sufrir a mí, y que vos habéis querido sufrirlas en lugar mío! Meditaré continuamente en la agonía mortal, en la muerte lenta e ignominiosa que os será dada ante todo el pueblo. ¡Y quiero llorar y amaros tanto, que querré morir de dolor sobre vuestra tumba!"

Mi querido lector, mi devota lectora, vosotros habéis ya comprendido todo el significado de esta comparación, la cual, por cuan conmovedora sea, está aún inmensamente lejana de poder representar los extremos del amor del Hijo Eterno de Dios por el hombre. Y no sólo por toda la humanidad, sino por cada alma en particular.

Cada uno de nosotros es ese esclavo culpable ante Dios, que es Rey del Cielo y de la tierra; esclavo digno y merecedor de eterna muerte y eternos tormentos. El Hijo Unigénito de Dios, delicia eterna del Eterno Padre, lleno de amor infinito e incomprensible, por este esclavo, se presentó al Padre y le dijo: "Padre mío, tu divina justicia exige una víctima digna de ti para poder liberar a este mísero esclavo. Nadie podría jamás darte tan digna satisfacción, excepto Yo. ¡Pues bien, muera Yo y viva el esclavo! "Ecce ego, mitte me". "Heme aquí, envíame" a la tierra, fórmame un cuerpo pasible, en el cual yo pueda experimentar los más atroces, los más inauditos tormentos y la muerte más dolorosa e ignominiosa por amor a este esclavo. Quiero ponerme enteramente en su lugar; me haré Yo el esclavo, me haré encadenar, me haré arrastrar a los tribunales, me someteré al juicio de inicuos jueces; de inocente pasaré a ser declarado reo y malhechor; pues quiero demostrar a este mísero esclavo hasta dónde llega mi amor por él. Y con tal de que él sea libre y feliz, Yo me dejaré ultrajar, golpear, maldecir; me haré el oprobio, el vituperio de todos; seré semejante a un gusano que todos pisotean; pero te suplico, oh Padre mío, que el esclavo, siempre y cuando te sea fiel y agradecido, entre en tu Gracia como mi misma Persona, que Tú lo ames como me amas a mí mismo, que él sea hijo adoptivo, que todos nuestros bienes eternos se los participes en vida y después de la muerte; que por los méritos de mi muerte de cruz, él sea enriquecido de gracias, sea confortado en sus penas, le sean aliviados los indispensables dolores de la vida, le sirva de mérito eterno la misma necesaria penitencia por el pecado; tenga, en el final de su vida, una muerte tranquila y preciosa, y, de ahí, venga a reinar con Nosotros eternamente en nuestro mismo gozo."

Y así, o bastante mejor que así, habló el Verbo Divino a su Padre. Y el Padre, encendido de un amor igual por el mísero esclavo culpable que soy yo, que eres tú, oh lector o lectora mío, le concedió todo lo que con lágrimas, suspiros y clamores le pidió. Como dice el Apóstol: "Oravit cum lacrimis et clamore valido, et exauditus est pro reverentia sue". (Oró con lágrimas y clamor válido, y fue escuchado por su reverencia. Hebreos 5, 7).

Y así sucedió que por este mísero esclavo rebelde, el Santo de los Santos, el Impecable, el Inocentísimo, el Cordero inmaculado, se dio a toda clase de sufrimientos y vivió treinta y cuatro años ahogado en inefables penas, nunca interrumpidas ni por un solo instante, penas en el alma y en el cuerpo, y que luego todas se reunieron en su tremenda Pasión desde la tarde del Jueves hasta el Viernes Santo, en el que expiró como el más abyecto y el más nefando de los culpables, sobre el patíbulo, entonces infame, de la cruz.

¡Oh hombre! ¿Cómo podrás tú olvidar cuánto te amó y cuánto por ti sufrió y soportó tu Divino Eterno Amante? ¿No eres tú, no soy yo, más duro que el granito y más cruel que la más feroz bestia si olvidamos lo que Jesucristo, Sumo Bien, padeció por nuestro amor? Considera, oh alma cristiana, que Jesús, yendo a morir y a sufrir por ti, te haya dicho como aquel joven príncipe de la misteriosa narración: "Oh hijito mío, oh alma que yo voy a redimir derramando toda mi sangre, te pido esta correspondencia y esta compensación a mi amor: Que no olvides cuánto sufriré por amor a ti. Recuérdate a menudo de los dolores, de las heridas y de las llagas de mi Cuerpo Santísimo, a que me someteré. Recuerda que, para arrancarte de la muerte eterna, venceré una lucha tal con la humana repugnancia a sufrir y a morir, que agonizaré y sudaré sangre. ¡Ah, recuerda cuánto me cuestas! Recuérdate cómo, por amor a ti, presentaré mi adorable Rostro a los golpes, a los escupitajos, a los crueles tirones de mi barba, a los puñetazos; mira esta corona de espinas, que me traspasará la cabeza con penas tales que ni criatura humana ni angélica comprenderá jamás. Pero he aquí que ya me condenan a muerte, como indigno ya de vivir; he aquí que me cargan con la pesadísima cruz. Adiós, hijito mío amado, delicia de mi Corazón, no más esclavo, sino heredero de mi Reino. Adiós. Otros tormentos más atroces me esperan. Seré extendido horriblemente y clavado a un madero en cruz. Estaré tres horas en una agonía tan terrible, tan desprovisto de todo socorro, tan abandonado por todos, hasta por mi Padre, tan miserable y oprimido en el alma y en el cuerpo, que esas tres horas no serán tres horas, sino tres siglos de dolores. Todo, todo lo voy a sufrir por ti, por amor a ti. ¡Pero no me seas tan ingrato que olvides mi sufrir y mi morir! ¡Yo recorreré contento la Vía Dolorosa, llevaré contento la cruz, contento abrazaré las terribles agonías que me esperan, me será ligera la ignominiosa y amarguísima muerte, con tal de que tú me prometas que no olvidarás mi sufrimiento ni mi muerte, ni el amor infinito con el que, por ti, tanto al uno como a la otra me someteré!"

¡Alma! ¿Qué cosa habrías respondido tú, en aquel momento, a tu Dios, a tu divino y amorosísimo Redentor?

Jesucristo, verdadero Hombre y verdadero Dios, tuvo todo presente. Él vio la frialdad e indiferencia inexcusables de quienes nunca, o casi nunca, meditan en su adorabilísima Pasión y muerte, y también tuvo presente el piadoso y santo fervor de aquéllas almas que de esta salutífera y obligada meditación hacen su alimento cotidiano. Subió al Calvario con el Corazón desolado por los primeros y experimentó un consuelo por la fidelidad y el amor de las segundas. ¿Y qué cosa vio Él de ti, oh mi lector, oh mi lectora? ¿Eres tú el esclavo redimido con tantas penas, que olvidas quién te redimió y lo que por ti sufrió tu Redentor, para pasarla distraído entre bagatelas y vanidades del mundo, y renuevas al Amante de las almas todos sus padecimientos y su atrocísima muerte, con tus pecados y con tu ingratitud y olvido?

¡Ah, meditemos, meditemos diariamente en la Pasión adorable de Jesús, amantísimo Redentor nuestro. "Non debet nos taedere meditare quod Christus ipsum non taedit tolerari". ¡No nos cansemos de meditar en lo que Jesucristo no se cansó de soportar por nosotros!

La meditación de la Pasión Santísima de nuestro Señor Jesucristo produce bienes inestimables en quien la hace diariamente. Esta meditación enciende el alma de amor y de gratitud; produce la verdadera y perfecta contrición de los pecados, esto es, el arrepentimiento no por temor a los castigos, temporales o eternos, sino en razón del puro amor a Dios; desapega de las cosas terrenas; aleja el pecado, el cual no puede subsistir con esta santa meditación; mortifica sin violencia y por vía de amor las pasiones; purifica el espíritu; infunde la ciencia y la sabiduría y suscita grandes deseos de perfección; fortifica al alma en el sufrimiento; aumenta de día en día la gracia santificante; acelera la perfecta unión con Dios. "¡Oh hombre!, -exclama San Buenaventura-, ¿quieres siempre crecer de virtud en virtud, de gracia en gracia? ¡Medita diariamente la Pasión del Redentor!" El alma que medita con amor diariamente la Pasión de nuestro adorable Redentor y Sumo Bien de nuestros corazones, la medita, se puede decir, en compañía de Jesús penante. Jesús la asiste, la transporta, la llena de compunción, la compenetra, la ilumina, la inflama y, frecuentemente, le comunica el don tan precioso de las lágrimas, ese don que es una de las ocho bienaventuranzas en esta tierra, pues nuestro Señor Jesucristo dijo: "Beati qui lugent". Bienaventurados los que lloran.

Y oh, cuántas almas elegidas, meditando cotidianamente en las dolorosas escenas de la Pasión, finalmente han pasado de las arideces a la profunda conmoción de los sollozos, del llanto y de los suspiros. Quiera también darnos a nosotros, el Sumo Bien, gracia tan grande, dándonos la santa perseverancia en esta amorosa meditación.

Leemos de un San Francisco de Asís que, por tanto llorar sobre la Pasión de nuestro Señor, se quedó ciego. El Profeta Zacarías, como si tuviera presente todas las lágrimas que habrían derramado en el tiempo del cristianismo las almas amantes de Jesucristo, sobre sus penas y todos los lamentos que habrían elevado, dijo: "¡Y se llorará sobre Él como suelen llorar las madres las muertes de sus unigénitos!" (Zac. 12, 10).

Yo no sé si, entre los signos de predestinación a la vida eterna, haya alguno mayor que éste; por eso el Apóstol dijo que si compadecíamos a Jesucristo, seríamos con Él glorificados. Y si ahora lloramos y nos interesamos por los padecimientos, por las ignominias, por las angustias sufridas por Jesucristo por amor a nosotros, es muy justo que un día participemos también de su gozo y de su eterna felicidad.

Otro gran provecho de meditar diariamente en la Pasión de nuestro Señor Jesucristo es el de ser el medio más eficaz que se adquiere para obtener toda gracia del Eterno Padre. Quien se familiariza con los misterios de la Pasión de nuestro Señor, los cuales son innumerables, adquiere como un derecho el presentarse ante el Divino Padre y pedirle todo lo que quiera. Fue ésta también una revelación de nuestro Señor Jesucristo a Santa Gertrudis: "Mi Padre -le dijo-, no puede negar nada que se le pida en virtud de mi Pasión". Y no debemos olvidarnos que el objeto principal de nuestro Señor Jesucristo, en su inmenso sufrir y humillarse, fue el amor, la obediencia y el celo hacia su Eterno Padre. Y por eso, Él mismo nos dejó dicho en el Evangelio: "Hasta ahora habéis pedido y no habéis obtenido, porque no habéis pedido en mi nombre, y Yo ahora en verdad os digo que todo lo que pidiereis al Padre en mi nombre, todo se os concederá, y vuestro gozo será pleno". ¿Y en dónde tiene su mayor eficacia esta petición hecha al Eterno Padre por los méritos de la Pasión y muerte de nuestro Señor Jesucristo? Sí, en el gran Sacrificio de la Santa Misa, en el cual se renueva, si bien de manera incruenta e impasible, el misterio del Gólgota. ¿Y qué cosa es la Santísima Eucaristía sino el memorial continuo de la Pasión y muerte de nuestro Señor Jesucristo? Precisamente por esto, nuestro Señor la instituyó la tarde del Jueves Santo, mientras sus enemigos preparaban sus padecimientos y su muerte, y, al instituirla como un exceso de su infinito amor por el hombre, dijo: "Tomad y comed; esto es mi Cuerpo, que por vosotros será entregado a los flagelos y a la muerte. Tomad y bebed; esto es mi sangre, la sangre del Nuevo y Eterno Testamento, que será derramada por vosotros y por muchos en remisión de los pecados. Esto que Yo he hecho, hacedlo en memoria mía". Y con esto dicho, ¿quién puede separar la Pasión de Nuestro Señor de la Santísima Eucaristía, o ésta de aquélla?

Y he aquí otro inmenso y gran provecho de la cotidiana meditación de la Pasión y muerte del Divino Redentor, el cual es el crecer en el conocimiento, en el amor y en el acercamiento al Santísimo Sacramento del Altar. De los pies de Jesús crucificado se va a los pies del Sacramento, donde se adora, se ama y se pasa a la unión más íntima que pueda haber entre el alma y Dios, mediante la santísima comunión eucarística. Ninguno que se acerque a recibir la Santa Comunión debe descuidar el dedicar una media hora de meditación sobre los sufrimientos de nuestro Señor Jesucristo. Especialmente las almas que tienen el gran bien de acercarse diariamente a la Mesa de los Ángeles deben dedicarse antes a meditar cualquier pasaje de la Pasión de Nuestro Señor. El doctor de la Iglesia, San Alfonso, expresa este concepto al comienzo de la preparación a la Santa Comunión, en sus "Obras Espirituales", con aquellas palabras del Sagrado Cantar: "Ecce iste venit in montes transaliens colles". He aquí que Él viene por los montes, superando las colinas. Y explica: Oh Jesús mi Divino Redentor, cuántos collados difíciles y ásperos habéis debido superar, etc.

Quien descuida la santa meditación de la adorable Pasión de nuestro Señor Jesucristo nunca hará una Comunión fervorosa, ni sacará nunca verdadero provecho de ella.

Lector o lectora mía, la meditación cotidiana de los padecimientos y de la muerte de nuestro Señor Jesucristo, mientras en nosotros produce los citados provechos, y mil otros que yo, mísero, no sé decir, otro bien inmenso produce, y del cual gran aprecio hemos de tener: ¡Ella nos une a la compasión de la más pura, de la más santa entre todas las criaturas, de la Santísima Virgen María, de la Madre misma del Verbo Divino hecho Hombre!

¡Oh, qué otro misterio de amor y de dolor hay aquí, que el cristiano no debe jamás olvidar! ¡María Santísima, Dolorosa, Desolada, Reina de los mártires, copartícipe de todas las penas del Redentor Divino! ¡María Santísima, Corredentora del género humano en unión con el Hombre Dios!

Los dolores de la gran Madre de Dios menos se pueden comprender y penetrar por quien no los medita diariamente, pues éstos no tienen nada de corporal y visible, sino que son todas penas interiores, desolaciones íntimas, proporcionadas al amor incomprensible de esta gran Madre por Jesucristo, su Dios y su Hijo. Aquí los extremos son también ellos excesivos, tanto por la sensibilidad delicadísima y materna de la Santísima Virgen, que, por cuanto era Inmaculada, purísima, santísima y sapientísima, tanto más susceptible era de penas interiores, como por la medida del amor a Jesús, que en María era inconmensurable, tanto que superaba al ardor de todos los Serafines, y también por el conocimiento de la infinita majestad y dignidad de Jesucristo, a quien Ella veía tan ignominiosamente ultrajado y pisoteado como un gusano. Y también por la inmensidad de su caridad por el género humano y por cada alma en particular, puesto que por cada alma entregaba con pleno consentimiento de su voluntad a su Divino Hijo, a los dolores, a los oprobios, a la muerte, y también conocía y ponderaba la pérdida de tantas almas.

Sólo ella comprendió y compartió las penas interiores y las agonías del Corazón Santísimo de Jesús, desde la Encarnación hasta la muerte, y todas las sufrió, bebiendo hasta las heces el cáliz doloroso. Y de esta manera el Martirio de la Santísima Virgen, como dicen los autores sagrados, empezó en el momento de la Encarnación y continuó siempre creciendo hasta la muerte del Redentor Divino; y desde ésta hasta la Resurrección de Jesucristo nuestro Señor, tenemos lo que se llama Desolación de la Santísima Virgen, que es el mayor de sus insuperables dolores; y después del misterio de la Resurrección tenemos un período de penas sensibilísimas de la Inmaculada Señora, que es precisamente la gran Escuela abierta a todas las almas amantes de Jesucristo, acerca de la obligación y del modo de meditar la Pasión de Jesucristo bendito. Período éste que duró todo el tiempo restante de la vida mortal de la Santísima Virgen María que, según unos, fue de doce años, según otros, de dieciséis, y según otros, de veintiún años. Durante todo este tiempo la Santísima Virgen no hizo sino repasar día y noche, en su alma santísima, y uno por uno, todos los padecimientos de nuestro Señor Jesucristo, en el modo más íntimo que sólo Ella podía recordar y penetrar, tanto los padecimientos que Jesús soportó en su Santísima Humanidad como las ignominias y los ultrajes a los que se quiso someter, como también las penas aun más tremendas de su Divino Corazón y de su alma. La Santísima Virgen, al recordar estos divinos padecimientos, los renovaba todos dentro de Ella misma con tanto dolor y con tanta pena, que por ello habría podido morir a cada momento si la virtud divina no la hubiese sostenido continuamente, como la sostuvo con un continuo milagro durante la Pasión de Nuestro Señor, en la cual, no una sino innumerables veces, habría muerto de puro dolor. Durante el tiempo que vivió en Jerusalén, Ella visitaba todos los lugares en los que su Divino Hijo padeció por nosotros, y en modo particular recorría personalmente, con profundas y dolorosas contemplaciones, La Vía de la Cruz, comenzando desde el palacio de Pilatos, donde Nuestro Señor fue condenado a muerte, y siguiendo hasta el Calvario. ¡De aquí nació el piadoso ejercicio del Vía Crucis, que es una de las más santas devociones de la Iglesia!

¡De manera que la Escuela de la Meditación de la Pasión y muerte de nuestro Señor Jesucristo la encontramos en María Dolorosa y Desolada! Oh, bienaventurada el alma que se está todo su tiempo penando entre Jesús y María, compadeciendo ora al Hijo ora a la Madre, ora llorando con Una, ora con Otro, ora representándose las escenas del Huerto, de la captura, de los tribunales, de los flagelos, de las espinas, de la condena, del camino al Calvario, de la Crucifixión, de las tres horas de agonía, de la sed, del abandono, y luego, dirigiendo los ojos del alma a toda la parte que tuvo en tales misterios de amor y de dolor la Madre de Dios, las más afligida de las madres, la Cual sufrió con Jesucristo, si bien en un modo todo espiritual, y por eso más doloroso, el Huerto, la captura, los ultrajes, los flagelos, las espinas, el camino al Calvario, los clavos, la agonía de la cruz y la misma amarguísima muerte.

¡Bienaventurada el alma que, internándose en los Corazones Santísimos de Jesús y de María, entreé, por cuanto es posible, el abismo de las penas interiores, y en las alas tempestuosas de esta "contrición tan grande como un mar sin playas" (Magna velut mare contritio), mezcla afanosamente sus lágrimas de amor, extraídas por la cotidiana contemplación de las penas de Jesús y de María!

Las Horas de la Pasión, escritas por el Alma Solitaria

La Divina Providencia, que en todo tiempo suscita almas que conozcan a Dios, que lo amen y que hagan que los demás lo conozcan y lo amen, ha suscitado un alma, como fue ya dicho en la primera página de esta Introducción, que se ha consagrado a las penas del Divino Redentor.

La particular inspiración que ha tenido esta alma forma un nuevo y muy provechoso método de cómo contemplar los padecimientos de nuestro Señor Jesucristo, y éste es: ordenar una por una las veinticuatro horas. De las 5 a las 6 de la tarde del Jueves Santo hasta las 5 de la tarde del Viernes Santo, y contemplar, hora por hora, lo que Jesucristo sufrió sucesivamente en aquellas veinticuatro horas.

He llamado "nuevo" este método, no en cuanto a la ordenación de los padecimientos de Nuestro Señor en veinticuatro horas, sino nuevo en cuanto a la forma, a los sentimientos y a la finalidad, que forman un todo nuevo. No es nuevo dividir en veinticuatro horas la Pasión de nuestro Señor Jesucristo, y esto es lo que se llama "El Reloj de la Pasión", y que se encuentra en varios libros devotos, como por ejemplo en "El Jardín Espiritual" y en las obras espirituales de San Alfonso. Y si bien entre los diversos autores existen siempre pequeñas diferencias en los horarios y los acontecimientos, esto no tiene importancia.

Como todos podrán ver, esta obra de "Las Horas de la Pasión", entre todas las que se refieren a la Pasión de nuestro Señor Jesucristo y a los dolores de su Santísima Madre, está entre las primeras y más importantes, pues analiza, desmenuza y medita, uno por uno, los padecimientos externos e internos del Jesucristo, adorable Redentor nuestro. Es una especie de Vía Crucis más entero y completo, porque toma a Nuestro Señor, no desde la condena a muerte en el tribunal de Pilatos, sino que comienza desde donde propiamente comenzó la dolorosa Pasión, esto es, desde la despedida de nuestro Señor Jesucristo de su Santísima Madre, como es piadosa creencia universal, para ir a morir, y sigue luego el Cenáculo, el Huerto, la captura, etc.

Lo que hay de verdaderamente nuevo en "Las Horas de la Pasión" del Alma Solitaria que las escribió y me confió sí es, en primer lugar, que de la repartición de las 24 horas no ha hecho sólo el enunciado de cada una, como lo hacen los autores citados antes por mí, los que se contentan con decir, por ejemplo: De Las 6 a las 7 de la mañana, Jesús es llevado a Pilatos. De las 7 a las 8, es conducido a Herodes, etc., etc., pero que de cuanto sucedió en esa hora en particular, nada dicen. En cambio, el Alma Solitaria hace una viva descripción de cuanto sucedió y agrega consideraciones, afectos y reparaciones. Y, en segundo lugar, estos afectos y estas reparaciones son tan singulares, nuevas e íntimas que no parecen ser una obra humana sino celestial.

Todo aparece nuevo en estas santas meditaciones, y si bien no se meditan sino los mismos misterios sobre los cuales tanto se ha escrito y meditado por tan variados y santos autores, aquí, ciertamente, la divina inspiración, que siempre obra cosas nuevas y varía en tantas formas su gracia (Multiformis gratia Dei), se manifiesta por medio de esta Alma en un modo todo singular.

Debo decir que el Alma Solitaria que escribe estas "Horas" no es una letrada, ¡apenas sabe leer ni escribir!, y sin embargo, los padecimientos, los maltratos, los ultrajes, los dolores y heridas del adorable Redentor, Jesús, están a lo vivo descritos y con términos que penetran el corazón, lo conmueven, lo impresionan y lo atraen al amor.

El amor, y debemos subrayarlo, sí, el amor divino, en su tierna expresión, es la nota predominante de estas "Horas de la Pasión"; esto es, ¡el amor de Jesucristo por los hombres y el amor de esta Alma Solitaria por Jesucristo! Ella es una enamorada que se funde en la más amorosa compasión por su Amado; lo compadece, lo acaricia, lo abraza, lo besa y lo besa, lo acompaña en todos y en cada uno de sus padecimientos, con una sustitución continua, es decir, se pone Ella misma, por cuanto está en ella, en el puesto del Amado penante, y recibe todo sobre sí, como si en esta piadosa sustitución quisiera aligerar, dividir y evitar los padecimientos al Sumo Bien, ahora por entonces, pues para esta alma contemplativa no hay pasado. Ella reproduce las escenas como presentes y en ellas se funde, se ensimisma, y en el exceso de la compasión y del amor, ella se arroja con tal confianza que, al besarlo en los ojos, en el rostro, en la boca, en las manos, en los pies, en el Corazón, le pide también ella besos amorosos a Jesús, y con una confianza tal, que en ninguna de las más amantes almas se encuentra una semejante. Es la Esposa del Cantar, que exclama: "¡Béseme Él con el beso de sus labios!"

No se puede poner en duda que si a Nuestro Señor le place mucho el reverente temor, no le plazca menos a su amantísimo Corazón la filial y tierna confianza. ¿Y cómo no tenerla con Aquel que pudiéndonos salvar derramando una sola gota de su Preciosísima Sangre, la quiso derramar toda, en medio de los más inauditos tormentos y de los más ignominiosos ultrajes, para demostrarnos cuánto nos ama? ¿Acaso pide mucho un alma cuando pide besos a aquel Jesús que se ha dado y se da siempre todo Él mismo? ¿Y por qué deberían privarnos de esta gran confianza de amor nuestros pecados, cuando hemos sido de ellos purificados con el arrepentimiento, la penitencia y la humildad? ¿No es acaso cierto que el padre del hijo pródigo, cuando lo veía volver, le echó los brazos al cuello y lo colmó de besos? ¿Y la oveja perdida, encontrada y en los hombros del Buen Pastor, no habrá sido también ella acariciada y besada? ¿No será cierto, entonces, lo que aquella angelical enamorada de Jesús, Santa Inés, dijo: Yo amo a Aquel que por cuanto más lo abrazo y lo toco, tanto más pura y casta me hago? ¡Ah, más bien: La confianza amorosa que parte de un corazón humilde roba el Corazón de Dios! Y es en este modo como se hace uno niño, como enseñó Nuestro Señor cuando abrazando en su regazo amoroso a un tierno niño, dijo: "De éstos es el Reino de los Cielos."

Tal es la confianza que transpira cada página de estas "Horas de la Pasión". Y el alma que pone en sus manos este libro y se interna en este piadoso ejercicio con esta guía, poco a poco se encontrará partícipe de los sentimientos, de la compasión, del amor y de la confianza, de todos los cuales está este libro lleno y rebosante.

A veces, en este libro, el Alma Solitaria hace hablar a Nuestro Señor, y entonces todas esas palabras no son ya un particular sentimiento suyo, sino una inspiración que se manifiesta con las palabras de que el alma es capaz, puesto que toda inspiración y toda revelación que pasa por el canal humano brota según la capacidad, o mejor, según la intuición mística del sujeto. De aquí la diversidad en expresarse de las almas contemplativas sobre un mismo tema.

Pero sí, el Alma solitaria, autora de estas "Horas", las hace nuevas en los afectos, y novísimas y, diría yo, únicas, en las reparaciones.

En verdad, la reparación por todas las ofensas que recibe nuestro Señor Jesucristo ha sido siempre el principal objeto de tantas almas amantes, de tantos libros de devoción y, tal vez, de especiales revelaciones. Así, por ejemplo, tenemos los escritos de Santa Margarita María de Alacoque, quien, en la devoción del Corazón Santísimo de Jesús, incluye reparaciones especiales. Más dirigidas a este objeto son las devociones del Santísimo Nombre de Jesús y de su Sagrado Rostro, de las que tuvo bellas revelaciones la Sierva de Dios Sor María de San Pedro, carmelita. Ordinariamente, todas estas reparaciones son formadas de atenciones, de intenciones y de plegarias. En cambio, las reparaciones de estas "Horas de la Pasión" que ahora publicamos, son un fundirse, un ensimismarse, un revestirse con las reparaciones mismas de nuestro Señor Jesucristo; es un internarse en los sentimientos del Corazón Santísimo de Jesús, en sus divinos padecimientos, y con Jesús, que sufre, que reza, que ofrece y que repara, el alma compadece, sufre, reza, ofrece y repara. ¿Y por qué cosa repara? Aquí las reparaciones se extienden, se multiplican y se adaptan a toda especie de pecados que puedan tener relación con los particulares padecimientos de Nuestro Señor. Desde la primera hasta la última palabra, se puede decir, que esta obra es una continua y variada reparación de todos los pecados con todas sus especies; y no sólamente de los pecados graves, sino también de los veniales y más leves; no sólamente de los pecados que fueron cometidos contra la Persona adorable de Jesucristo cuando estuvo en manos de sus enemigos, sino por todas las culpas pasadas, presentes y futuras en persona de todos los pecadores, sean de los llamados como de los elegidos. El alma compasiva se arroja y se sumerge en casi todos los padecimientos de Nuestro Señor, y mide, por cuanto lo puede hacer un ser humano, el infinito abismo de cada uno, y uniéndose a las infinitas intenciones reparadoras del Hombre-Dios penante, ofrece a Él, ofrece al Padre, ofrece a la divina justicia, reparaciones infinitas por todos y por todo. Y es precisamente la grande, necesaria y universal reparación lo que exigen estos tiempos nuestros tan tristes, las innumerables iniquidades de las presentes generaciones y el justo y tremendo airarse de los divinos castigos.

Valor y provecho del ejercicio de estas Horas de la Pasión

Con la debida reserva y con la más perfecta sumisión al juicio de la Santa Iglesia, según el decreto del Papa Urbano VIII, transcribo ahora algunas revelaciones que Nuestro Señor Jesucristo ha hecho al Alma Solitaria, a la que inspiró esta obra. Revelaciones que muestran cuán agradable es al Corazón adorable de Jesús que se practique este Ejercicio.

Comienzo con transcribir una carta enviada a mí por la Autora:

"Muy Reverendo Padre Aníbal:

Finalmente, le remito las Horas de la Pasión. Todo para gloria de Nuestro Señor. Le envío también otras hojas en las que se hallan los efectos y las bellas promesas de Jesús para quien hace estas Horas de la Pasión.

Yo creo que si quien las medita es pecador, se convertirá; si es imperfecto, se hará perfecto; si es santo, se hará más santo; si es tentado, encontrará la victoria; si sufre, encontrará en estas Horas la fuerza, la medicina y el consuelo; y si su alma es débil y pobre, encontrará un alimento espiritual y un espejo donde mirarse continuamente para embellecerse y hacerse semejante a Jesús, nuestro modelo.

Es tanta la complacencia que del ejercicio de estas Horas Jesús bendito recibe, que Él quisiera que hubiera un ejemplar en cada ciudad y pueblo y que se practicara, porque entonces sucedería como si en esas reparaciones Jesús sintiera reproducirse su misma voz y sus mismas oraciones tal como Él mismo las elevaba al Padre en las 24 horas de su dolorosa Pasión. Y si esto se hiciera por las almas en todas las ciudades y hasta en los más pequeños pueblos, Jesús me hace entender que la justicia divina quedaría en gran parte aplacada y serían en gran parte evitados y como aligerados los flagelos en estos tan tristes tiempos de dolores y de sangre.

Haga Ud., Reverendo Padre, una llamada a todos, para que tenga su cumplimiento esta obra que Jesús me ha hecho hacer. Quiero decirle que la finalidad de estas Horas de la Pasión no es la de narrar la historia de la pasión, pues muchos libros hay que tratan este piadoso tema, y no habría sido necesario hacer uno más. La finalidad es la "Reparación", poniendo en relación los diversos puntos de la pasión de Nuestro Señor con la diversidad de tantas ofensas y pecados, y junto con Jesús hacer digna reparación, rehaciéndolo casi de todo lo que las criaturas todas le deben. Y de aquí los diversos modos de reparar en estas Horas, esto es, en algunos pasajes se bendice, en otros se compadece, en otros se alaba, en otros se conforta al penante Jesús, en otros se da correspondencia, en otros se suplica, se pide, se implora, etc.

Pero dejo a Ud., Padre Aníbal, hacer conocer a todos esta finalidad de las Horas con un prólogo o introducción."

Luisa Piccarreta

P. D. Las hojas en las que se hallan los efectos y las bellas promesas de Jesús para quien hace estas Horas de la Pasión, son las que siguen a continuación:

Los efectos y las bellas promesas de Jesús para quien hace estas Horas de la Pasión

9 de noviembre de 1906

Encontrándome en mi habitual estado, estaba pensando en la pasión de Nuestro Señor y, mientras hacía esto, Él vino y me dijo:

"Hija mía, me es tan grato quien siempre va rumiando mi Pasión, siente pena y me compadece, que me siento como retribuido por todo lo que sufrí en el curso de mi Pasión. El alma, rumiándola siempre, prepara un alimento continuo, y en este alimento hay muchos condimentos y sabores diversos, que producen diversos efectos. Entonces, si durante mi Pasión usaron cuerdas y cadenas para atarme, el alma me desata y me da libertad; si aquéllos me despreciaron, me escupieron y me deshonraron, ella me aprecia, me limpia de esos salivazos y me honra; si aquéllos me desnudaron y me flagelaron, ella me cura y me viste; si aquéllos me coronaron de espinas, me trataron como rey de burla, me amargaron la boca con hiel y me crucificaron, el alma, rumiando todas mis penas, me corona de gloria y me honra como su Rey, me llena la boca de dulzura y me da el alimento más exquisito, como es el recuerdo de mis mismas obras, me desclava de la cruz y me hace resucitar en su corazón. Y Yo le doy como recompensa, por cada vez que hace todo esto, una nueva vida de gracia; de manera que ella es mi alimento y Yo me hago su alimento continuo. De manera que la cosa que más me complace es que el alma rumie siempre mi Pasión.

10 de abril de 1913

Esta mañana vino mi siempre amable Jesús y, estrechándome a su Corazón, me dijo:

"Hija mía, quien piensa siempre en mi Pasión forma en su corazón una fuente, y por cuanto más piensa tanto más se agranda esta fuente, y como las aguas que brotan son comunes a todos, esta fuente de mi pasión, que se forma en el corazón, sirve para bien del alma, para gloria mía y para bien de las criaturas."

Y yo: "Dime, Bien mío, ¿qué cosa darás en recompensa a quienes hagan las Horas de la Pasión como Tú me las has enseñado?"

Y Él: "Hija mía, estas Horas no las tendré en cuenta como cosas vuestras, sino como cosas hechas por mí; os daré mis mismos méritos, como si Yo estuviera sufriendo en acto mi Pasión, y así haré que consigáis los mismos efectos, según las disposiciones de las almas; y esto en la tierra. Mayor premio no podría daros. Luego, en el Cielo, a estas almas las pondré frente a mí, saeteándolas con saetas de amor y de alegrías por cuantas veces hayan hecho las Horas de mi Pasión, y ellas me saetearán a mí. ¡Qué dulce encanto será éste para todos los bienaventurados!"

6 de septiembre de 1913

Estaba pensando en las Horas de la Pasión escritas, y como están sin indulgencias, por lo tanto, quien las hace no gana nada; en cambio, hay muchas oraciones enriquecidas con muchas indulgencias. Y mientras pensaba esto, mi siempre amable Jesús, todo benignidad, me dijo:

"Hija mía, con las oraciones indulgenciadas se gana alguna cosa; en cambio, las Horas de la Pasión son mis mismas oraciones, mis mismas reparaciones y son todo amor; han salido del fondo de mi Corazón. ¿Has acaso olvidado cuántas veces me he unido contigo para que las hiciésemos juntos, y cómo he cambiado los flagelos en gracias para toda la tierra? Por lo tanto, es tal y tanta mi complacencia que, en lugar de la indulgencia, le doy al alma un puñado de amor, que contiene un precio incalculable de infinito valor. Además, cuando las cosas son hechas por puro amor, mi amor encuentra ahí su desahogo, y no es poco que la criatura dé alivio y desahogo al amor del Creador."

Octubre de 1914

Estaba escribiendo las Horas de la Pasión y pensaba dentro de mí: "Cuántos sacrificios por escribir estas Horas de la Pasión, especialmente por tener que poner en el papel ciertos actos internos que sólo entre Jesús y yo han pasado. ¿Cuál será la recompensa que Él me dará?" Y Jesús, haciéndome oír su voz tierna y dulce, me dijo:

"Hija mía, en recompensa por haber escrito las Horas de la Pasión, por cada palabra que has escrito te daré un beso, un alma."

Y yo: "Amor mío, eso para mí, pero a aquéllos que las harán, ¿qué les darás?"

Y Jesús: "Si las hacen junto conmigo y con mi misma Voluntad, por cada palabra que reciten les daré también un alma, porque toda la mayor o menor eficacia de estas Horas de mi Pasión está en la mayor o menor unión que tienen conmigo, y haciéndolas con mi Voluntad, la criatura se esconde en mi Querer, y actuando mi Querer, puedo hacer todos los bienes que quiero, aun por medio de una sola palabra; y esto cada vez que las hagan."

Otro día estaba lamentándome con Jesús porque después de tantos sacrificios por escribir las Horas de la Pasión, eran muy pocas las almas que las hacían, y Él:

"Hija mía, no te lamentes; aunque fuera sólo una, deberías estar contenta. ¿No habría sufrido Yo toda mi Pasión aunque se debiera salvar una sola alma? Pues así también tú. Jamás se debe omitir el bien porque sean pocos los que lo aprovechan; todo el mal es para quien no lo aprovecha. Y así como mi Pasión le hizo adquirir el mérito a mi Humanidad como si todos se salvaran, a pesar de que no todos se salvan, porque mi Voluntad era la de salvarlos a todos -y merecí según Yo quise y no según el provecho que obtendrían las criaturas-, así tú, según que tu voluntad se ha fundido con la mía de querer y de hacer el bien a todos, así serás recompensada; todo el mal es de los que, pudiendo, no las hacen. Estas Horas son las más preciosas de todas, pues no son otra cosa que repetir lo que Yo hice en el curso de mi vida mortal y lo que continúo en el Santísimo Sacramento. Cuando oigo estas Horas de mi Pasión, oigo mi misma voz, mis mismas oraciones; veo mi Voluntad en esa alma, voluntad de querer el bien de todos y de reparar por todos, y me siento transportado a morar en ella para poder hacer en ella lo que ella misma hace. ¡Oh, cuánto quisiera que, aunque fuera una sola por pueblo, hiciera estas Horas de mi Pasión! Me oiría a mí mismo en cada pueblo, y mi justicia, en estos tiempos tan grandemente indignada, quedaría en parte aplacada."

Agregó que un día estaba haciendo la hora cuando la Mamá Celestial dio sepultura a Jesús, y yo la seguí para hacerle compañía en su amarga desolación y compadecerla. No tenía la costumbre de hacer esta hora siempre, sino sólo algunas veces, y estaba indecisa si debía hacerla o no, y Jesús bendito, todo amor y como si me lo rogara, me dijo:

"Hija mía, no quiero que la descuides; la harás por amor a mí, en honor a mi Mamá. Has de saber que cada vez que la haces, mi Mamá se siente como si estuviera en persona en la tierra repitiendo su vida y, por lo tanto, Ella recibe la gloria y el amor que me dio a mí en la tierra. Y yo siento como si mi Mamá estuviera de nuevo en la tierra, sus ternuras maternas, su amor y toda la gloria que Ella me dio. De manera que te tendré en consideración de madre."

Y entonces, abrazándome Jesús, sentía que me decía muy quedo: "Mamá, mamá", y me sugería lo que hizo y sufrió en esta Hora la dulce Mamá, y yo la seguía. Y desde entonces no la he descuidado, ayudada siempre por su gracia.

4 de noviembre de 1914

Estaba haciendo las Horas de la Pasión, y Jesús, complaciéndose todo, me dijo:

"Hija mía, si tú supieras la gran complacencia que siento al verte repetir estas Horas de mi Pasión y siempre repetirlas, y de nuevo repetirlas, quedarías feliz. Es verdad que mis santos han meditado la Pasión y han comprendido cuánto sufrí, y se han deshecho en lágrimas de compasión hasta sentirse consumidos de amor por mis penas, pero no de un modo tan continuo y siempre repetido con este orden. Así que puedo decir que tú eres la primera que me da este gusto tan grande y especial. Y al ir desmenuzando en ti, hora por hora, mi vida y lo que sufrí, Yo me siento tan atraído que hora por hora te voy dando el alimento y Yo como contigo ese mismo alimento y hago junto contigo lo que haces tú. Debes saber que te recompensaré abundantemente con nueva luz y nuevas gracias; y aun después de tu muerte, cada vez que sean hechas por las almas en la tierra estas Horas de mi Pasión, Yo en el Cielo te cubriré siempre de nueva luz y gloria."

6 de noviembre de 1914

Continuando las acostumbradas Horas de la Pasión, mi amable Jesús me dijo:

"Hija mía, el mundo está en continuo acto de renovar mi Pasión, y como mi inmensidad envuelve todo, dentro y fuera de las criaturas, estoy obligado, por su contacto, a recibir clavos, espinas, flagelos, desprecios, salivazos y todo lo demás que sufrí en mi Pasión, y aún más. Ahora bien, yo siento, en contacto con quien hace estas Horas de mi Pasión, que me son sacados los clavos, pulverizadas las espinas, endulzadas las llagas, quitados los salivazos; siento cambiado en bien el mal que me hacen los demás;

y Yo, sintiendo que su contacto no me hace mal sino bien, me apoyo siempre más en ella "

Después de esto, volviendo el bendito Jesús a hablar de estas Horas de la Pasión, me dijo:

"Hija mía, has de saber que haciendo estas Horas, el alma toma mis pensamientos y los hace suyos, mis reparaciones, mis oraciones, mis deseos, mis afectos y aun mis más íntimas fibras, y las hace suyas; y elevándose entre el Cielo y la tierra, hace mi mismo oficio y, como corredentora, dice conmigo: "Ecce ego, mitte me", "Heme aquí, envíame" quiero repararte por todos, responderte por todos e implorar el bien para todos.

23 de abril de 1916

Continuando mi habitual estado, mi adorable Jesús se hacía ver todo circundado de luz, luz que le salía de dentro de su Santísima Humanidad y que lo embellecía en modo tal que formaba una vista encantadora y arrobadora. Yo quedé sorprendida, y Jesús me dijo:

"Hija mía, cada pena que sufrí, cada gota de sangre, cada llaga, oración, palabra, acción, paso, etc., produjo una luz en mi Humanidad, que me embellecía de tal manera, que tenía arrobados a todos los bienaventurados. Ahora bien, el alma, con cada pensamiento, cada vez que me compadece, cada reparación, etc., que hace de mi Pasión, no hace otra cosa que tomar luz de mi Humanidad y embellecerse a mi semejanza; así que un pensamiento más de mi Pasión será una luz más que le traerá un gozo eterno.

13 de octubre de 1916

Estaba haciendo las Horas de la Pasión, y el bendito Jesús me dijo:

"Hija mía, en el curso de mi vida mortal, miles y miles de ángeles cortejaban a mi Humanidad y recogían todo lo que Yo hacía, los pasos, las obras, las palabras y aun mis suspiros, las penas, las gotas de mi Sangre, en suma, todo. Eran ángeles encargados de mi custodia, y para rendirme honor, obedientes a todas mis señales subían y bajaban del Cielo para llevar al Padre todo lo que Yo hacía. Ahora estos ángeles tienen un oficio especial, y cuando el alma hace memoria de mi vida, de mi Pasión, de mi sangre, de mis llagas, de mis oraciones, se ponen en torno a ella y recogen sus palabras, sus oraciones y los actos de compasión que me hace; sus lágrimas y sus ofrecimientos los unen con los míos y los llevan ante mi Majestad para renovarme la gloria de mi misma vida. Y es tanta la complacencia de los ángeles, que, reverentes, escuchan lo que el alma dice, y rezan junto con ella; por eso, con qué atención y respeto el alma debe hacer estas Horas, pensando que los ángeles penden de sus labios para repetir junto a ella lo que ella dice."

Luego agregó: "Ante tantas amarguras que las criaturas me proporcionan, estas Horas son los pequeños sorbos dulces que las almas me dan; pero ante tantos sorbos amargos que recibo, son demasiado pocos los dulces; por tanto, más difusión, más difusión."

9 de diciembre de 1916

Estaba afligida por la privación de mi dulce Jesús, que si viene, mientras siento que respiro un poco de vida, quedo más afligida al verlo más afligido que yo y que no quiere saber de aplacarse, pues las criaturas lo constriñen, le arrancan otros flagelos; y mientras flagela, llora por la suerte del mundo y se oculta muy dentro de mi corazón, como para no ver lo que sufre el hombre. Parece que no se puede vivir en estos tristes tiempos, y sin embargo parece que se está sólo al principio de ellos. Entonces mi dulce Jesús, estando yo inquieta por mi dura y triste suerte de tener que estar muy a menudo privada de Él, vino y, poniéndome un brazo en el cuello, me dijo:

"Hija mía, no acrecientes mis penas inquietándote, son ya demasiadas; Yo no espero esto de ti; es más, quiero que hagas tuyas mis penas, mis oraciones, y me hagas tuyo a mí mismo, de modo que pueda encontrar en ti otro Yo mismo. En estos tiempos quiero grandes satisfacciones y sólo quien me hace suyo a mí mismo, me las puede dar. Y lo que en mí encontró el Padre, es decir, gloria, complacencia, amor, satisfacciones completas y perfectas y para bien de todos, Yo lo quiero encontrar en estas almas, como en otros tantos Jesús que me den correspondencia. Y estas intenciones las debes repetir en cada Hora de la Pasión que hagas, en cada acción, en todo. Y si no encuentro mis satisfacciones, ah, para el mundo se habrá terminado. ¡Los flagelos lloverán a torrentes, ah hija mía, ah hija mía!" Y desapareció.

2 de febrero de 1917

Continuando mi habitual estado, me encontré fuera de mí misma y encontré a mi siempre amable Jesús, todo chorreando sangre y con una horrible corona de espinas; me miraba con dificultad por entre las espinas y me dijo:

"Hija mía, el mundo se ha desequilibrado porque ha perdido el pensamiento de mi Pasión. En las tinieblas no ha encontrado la luz de mi Pasión que lo iluminaba y que haciéndole conocer mi amor y cuántas penas me cuestan las almas, podía volverse atrás y amar a quien verdaderamente lo ha amado, y la luz de mi Pasión, guiándolo, lo ponía en guardia de todos los peligros. En la debilidad no ha encontrado la fuerza de mi pasión que lo sostenía. En la impaciencia no ha encontrado el espejo de mi paciencia que le infundía la calma, la resignación; y ante mi paciencia, avergonzándose, habría tenido como un deber dominarse a sí mismo. En las penas no ha encontrado el consuelo de las penas de un Dios, que sosteniendo las suyas, le infundía amor al sufrir. En el pecado no ha encontrado mi santidad, que haciéndole frente, le infundía odio a la culpa. ¡Ah, en todo ha prevaricado el hombre, porque se ha separado en todo de quien podía ayudarlo! Por eso el mundo ha perdido el equilibrio. Ha hecho como un niño que no ha querido conocer más a su madre; como un discípulo que desconociendo al maestro, no ha querido escuchar más sus enseñanzas ni aprender sus lecciones. ¿Qué será de este niño y de este discípulo? Serán el dolor de sí mismos y el terror y el dolor de la sociedad. Tal se ha vuelto el hombre: terror y dolor, pero dolor sin piedad. ¡Ah, el hombre empeora, empeora siempre más, y Yo lo lloro con lágrimas de sangre!"

16 de mayo de 1917

Encontrándome en mi habitual estado, estaba fundiéndome toda en mi dulce Jesús y luego me extendía toda en las criaturas para darles a todas por entero a Jesús. Entonces mi amable Jesús me dijo:

Hija mía, cada vez que la criatura se funde en mí, da a todas las criaturas un flujo de vida divina, y ellas, según tienen necesidad, obtienen su efecto: la que es débil siente la fuerza, la obstinada en la culpa recibe la luz, la que sufre recibe consuelo, y así de todo lo demás."

Después, me encontré fuera de mí misma y me hallaba en medio de muchas almas -parecían ser almas del Purgatorio y santos- que nombraban a una persona conocida mía, que había fallecido no hacía mucho, y me decían: "Él se siente como feliz al ver que no hay alma que entre en el Purgatorio que no lleve el sello de las Horas de la Pasión y, ayudada y cortejada por estas Horas, toma sitio en un lugar seguro. No hay alma que vuele al Paraíso que no sea acompañada por estas Horas de la Pasión. Estas Horas hacen llover del Cielo un continuo rocío sobre la tierra, en el Purgatorio y hasta en el Cielo."

Al oír esto, yo decía dentro de mí: "Tal vez mi amado Jesús, para mantener la palabra dada de que por cada palabra de las Horas de la Pasión daría un alma, hace que no haya alma salvada que no se haya servido de estas Horas". Después he vuelto en mí misma, y habiendo visto a mi dulce Jesús, le he preguntado si eso era cierto y Él me dijo:

"Estas horas son el orden del universo, ponen en armonía el Cielo con la tierra y me detienen para no mandar el mundo a la ruina. Siento poner en circulación mi sangre, mis llagas, mi amor y todo lo que Yo hice, y corren sobre todos para salvarlos a todos. Y conforme las almas hacen estas Horas de la Pasión, me siento poner en vida mi sangre, mis llagas, mis ansias de salvar a las almas y me siento repetir mi vida. ¿Cómo podrían obtener las criaturas algún bien si no es por medio de estas Horas? ¿Por qué dudas? La cosa no es tuya, sino mía; tú has sido el esforzado y débil instrumento."

12 de julio de 1918

Estaba rezando con cierto temor y ansiedad por un alma moribunda, y mi amable Jesús, al venir, me dijo:

"Hija mía, ¿por qué temes? ¿No sabes tú que por cada palabra sobre mi Pasión, por cada pensamiento, compasión, reparación, recuerdo de mis penas, se abren otras tantas vías eléctricas de comunicación entre el alma y Yo, y por lo tanto el alma se va adornando de muchas variedades de bellezas? Ella ha hecho las Horas de mi Pasión y Yo la recibiré como hija de mi pasión, vestida con mi sangre y adornada con mis llagas. Esta flor ha crecido en tu corazón y Yo la bendigo y la recibo en el mío como una flor predilecta."

Y mientras decía esto, se desprendía una flor de mi corazón y emprendía el vuelo hacia Jesús.

21 de octubre de 1921

Estaba pensando en la pasión de mi dulce Jesús, y entonces Él, al venir, me dijo:

"Hija mía, cada vez que el alma piensa en mi Pasión, se acuerda de lo que sufrí o me compadece, en ella se renueva la aplicación de mis penas, surge mi sangre para inundarla, se ponen en camino mis llagas para sanarla si está llagada, o para embellecerla si está sana, y todos mis méritos para enriquecerla. El negocio que hace es sorprendente, es como si pusiera en un banco todo lo que Yo hice y sufrí, y obtuviera el doble. Porque todo lo que Yo hice y sufrí está en acto continuo de darse al hombre, como el sol está en acto continuo de dar su luz y su calor a la tierra. Lo que Yo he obrado no está sujeto a agotarse, basta que el alma lo quiera, y por cuantas veces lo quiera, para que reciba el fruto de mi vida. De modo que si se recuerda veinte veces, o cien, o mil, de mi Pasión, otras tantas gozará los efectos de Ella, pero... ¡qué pocos son los que de ella hacen tesoro! Con todo el bien de mi Pasión, y se ven almas débiles, ciegas, sordas, mudas, cojas, cadáveres vivientes que dan asco. Porque mi pasión es echada al olvido.

Mis penas, mis llagas, mi sangre, son fortaleza que quita las debilidades, luz que da vista a los ciegos, lengua que desata las lenguas y que abre los oídos, camino que endereza a los cojos, vida que hace resucitar a los cadáveres.

Todos los remedios necesarios a la humanidad están en mi vida y en mi Pasión, pero la criatura desprecia la medicina y no se preocupa de los remedios; por eso se ve que, a pesar de toda mi Redención, el hombre perece en su estado, como afectado por una tisis incurable.

Pero lo que más me duele es ver a personas religiosas que se fatigan por la adquisición de doctrinas, de especulaciones y de historias, pero de mi Pasión, nada; de manera que mi Pasión muchas veces es desterrada de las iglesias, de la boca de los sacerdotes, por lo que su hablar es sin luz, y así los pueblos se quedan más en ayunas que antes."

Exhortación

Oh almas que amáis a Jesucristo, oh almas que hacéis profesión de vida espiritual, y vosotras especialmente, Esposas de Jesucristo, consagradas a Él con votos o pertenecientes a santas Congregaciones, considerad, después de haber leído todo lo anterior, cuánto agrado dais al Corazón Santísimo de Jesús, practicando estas Horas de la Pasión. Ha sido para vosotras, especialmente, para quienes han sido inspiradas por Nuestro Señor estas Horas de la Pasión, a aquella Alma Solitaria y contemplativa, que desde hace tantos años las ejercita con gran provecho para ella y para toda la Iglesia. Gracias especiales os están reservadas si os aficionáis a este santo ejercicio cotidiano y os internáis en los mismos sentimientos y en las mismas disposiciones del Alma que lo escribió y que lo practica desde hace tantos años. Y de los sentimientos tan íntimos y de las disposiciones tan amorosas de esta Alma, vosotras pasaréis a los sentimientos y a las disposiciones mismas de Nuestro Señor Jesucristo en las veinticuatro horas en las que sufrió por amor a nosotros. Y es imposible que en este ejercicio el alma no se encuentre con la dolorosísima Madre María y no se una a la misma compasión y a los mismos afectos incomprensibles de la Dolorosa Madre de Dios. ¡Será un vivir con Jesús sufriente y con María doliente, y un cosechar todos los inmensos eternos bienes para sí y para todos!

¿Qué decir del gran medio que sería este ejercicio para toda Comunidad Religiosa, para adelantar en santidad, para conservarse, para crecer en número de almas elegidas y para lograr toda verdadera prosperidad? ¡Cuán grande empeño, entonces, cada Comunidad debería tener en practicar constantemente este ejercicio! ¡Y las almas de la Comunidad, que se acercan diariamente a la Sagrada Mesa, oh, entonces sí que la Santa Comunión la harían con tales disposiciones de fervor y con tal amor a

Jesús, que cada Comunión sería un renovado desposorio del alma con Jesús, en la más íntima y creciente unión de amor!

Si Jesús, por un alma sola que haga estas Horas, evitará castigos a esa ciudad en que se hagan y dará gracias a tantas almas por cuantas son las palabras de este Reloj Doloroso, ¿cuántas gracias no podrá esperar una Comunidad; de cuántos defectos y relajamientos no será curada y preservada; y de cuántas almas no procurará su santificación y de otras su salvación, si practica este piadosísimo ejercicio?

¡Hubiera en cada Comunidad un alma que se aplicase a practicarlo con atención en el día, si bien entre las ocupaciones diarias, y en la tarde y noche con un poco de vigilia; pero sería el colmo del divino y máximo provecho para la Comunidad y para todo el mundo si tal ejercicio fuera practicado por todas, turnándose de día y de noche!

P. Aníbal María di Francia

Modo de hacer estas "Horas de la Pasión"

Este santo ejercicio puede hacerse de diversas maneras, según las posibilidades de cada persona:

Si lo hace una sola persona

La Hora que la persona elija hacer, puede hacerla a cualquier hora del día. Por ejemplo: si eligió la 1ª Hora de la Agonía en el Huerto, que es la que va de las 9 a las 10 de la noche, puede hacerse a las 2 de la tarde o a las 8 de la mañana, o a cualquier otra hora del día, es decir: cuando tenga el tiempo para hacerla.

Recomendamos que cada Hora se haga completa y que cada día se haga una Hora distinta, empezando por la de 5 a 6 de la tarde, hasta terminar con la de la Sepultura de Jesús. Al terminarlas, se puede volver a empezar. De este modo, transcurridos 24 días, habrá hecho las Veinticuatro Horas.

Por último, para que este santo ejercicio ocupe no sólo unos minutos de cada día, sino que se extienda durante todo el día, la persona puede continuarlas con la intención. Para este fin ayudaría ir recordando, en las distintas horas del día, en qué punto de su pasión se encontraba el Señor, y unirse a Él.

Si lo hace un grupo y a cada persona se le asigna una Hora determinada

Convendría que fuera un grupo de 24 personas. (Si es de 12 o menos, debe ajustarse todo según sea posible.)

Cada persona se compromete a hacer cada día una de las Horas, de manera que el grupo en conjunto hace cada día las Veinticuatro Horas.

Si el grupo es de 24 personas, **cada persona** del grupo **hace cada día la Hora que le fue asignada**. Por ejemplo: si se le asignó la Hora 23ª, cuando Jesús es bajado de la Cruz, todos los días va a hacer la misma Hora, y puede hacerla a cualquier hora del día, es decir, cuando le sea posible; no importa que la hora 23ª sea la de las 3 a las 4 de la tarde.

En esta modalidad conviene que pasados unos días, una semana, por ejemplo, habiéndose puesto de acuerdo el grupo, se asigne una "Nueva Hora" a cada persona, para que poco a poco acompañen a Jesús en todas las Horas de su pasión.

Si lo hace un grupo y cada persona hace una Hora distinta cada día

Convendría que fuera un grupo de 24 personas.

Cada persona se compromete a hacer una Hora cada día, de manera que el grupo en conjunto haría cada día las Veinticuatro Horas. Como en las otras modalidades, la Hora se hace cuando cada uno pueda, durante el día o la noche.

Si el grupo es de 24 personas, cada persona del grupo hace cada día una Hora distinta.

Para lograr esto sin que haya confusión, debe asignarse una Hora distinta a cada miembro del grupo. A la primera persona le tocará la que va de 5 a 6 de la tarde; a la segunda, le tocará la que va de la 6 a las 7 de la tarde, y así hasta llegar a la que le toca la Hora 24, que es la que va de las 4 a las 5 de la tarde.

La Hora que se le ha asignado es la Hora con la que empezará el primer día. Repito, esta Hora asignada sólo sirve para que cada uno sepa cuál es la Hora con la que debe empezar el primer día. El segundo día, hace la hora que sigue. Por ejemplo: si le asignaron la Hora 14ª, que va de las 6 a las 7 de la mañana, el primer día empieza con esa Hora, y el día siguiente hace la de las 7 a las 8 de la mañana. Después de unos días hará la hora 24ª, que es la última del libro, y al día siguiente continúa con la que va de las 5 a las 6 de la tarde, y así continúa hasta llegar a la hora con la que empezó.

Cuando hayan terminado todos de hacer las 24 horas, pueden empezar de nuevo y así practicar siempre este Santo Ejercicio, que producirá innumerables gracias para sus vidas y las de sus familias, para su comunidad y para el bien de toda la Iglesia.

Estas son sólo algunas sugerencias de cómo hacer "Las Horas de la Pasión". Si a alguien el Señor le inspira otro modo de hacerlo, puede hacerlo. Lo importante es unirse a Jesús en el Misterio de su Pasión.

Preparación antes de la meditación

Oh Señor mío Jesucristo, postrada ante tu divina presencia, suplico a tu amorosísimo Corazón, que quieras admitirme a la dolorosa meditación de las Veinticuatro Horas en las que, por amor a nosotros quisiste padecer, tanto en tu cuerpo adorable como en tu alma santísima, hasta la muerte de cruz. Ah, dame tu ayuda, gracia, amor, profunda compasión y entendimiento de tus padecimientos, mientras medito ahora la Hora...

Y por las que no puedo meditar, te ofrezco la voluntad que tengo de meditarlas, y quiero en mi intención meditarlas durante todas las horas en que estoy obligada a dedicarme a mis deberes o a dormir.

Acepta, oh misericordioso Señor, mi amorosa intención y haz que sea de provecho para mí y para todos, como si efectiva y santamente hiciera todo lo que deseo practicar.

Gracias te doy, oh mi Jesús, por llamarme a la unión contigo, por medio de la oración. Y para complacerte mejor, tomo tus pensamientos, tu lengua, tu corazón, y con éstos quiero orar, fundiéndome toda en tu Voluntad y en tu amor, y extendiendo mis brazos para abrazarte y apoyando mi cabeza en tu Corazón, empiezo.

Ofrecimiento después de cada Hora

Amable Jesús mío, Tú me has llamado en esta Hora de tu Pasión a hacerte compañía y yo he venido. Me parecía sentirte angustiado y doliente, que orabas, que reparabas y sufrías, y que con las palabras más elocuentes y conmovedoras suplicabas la salvación de las almas.

He tratado de seguirte en todo, y ahora, teniendo que dejarte por mis habituales obligaciones, siento el deber de decirte: "Gracias" y "Te bendigo". Sí, oh Jesús, gracias te repito mil y mil veces y te bendigo por todo lo que has hecho y padecido por mí y por todos. Gracias y te bendigo por cada gota de sangre que has derramado, por cada respiro, por cada latido, por cada paso, palabra y mirada, por cada amargura y ofensa que has soportado. En todo, oh Jesús mío, quiero besarte con un "Gracias" y un "Te bendigo."

Ah, Jesús, haz que todo mi ser te envíe un flujo continuo de gratitud y de bendiciones, de manera que atraiga sobre mí y sobre todos el flujo continuo de tus bendiciones y de tus gracias. Ah, Jesús, estréchame a tu Corazón y, con tus manos santísimas, sella todas las partículas de mi ser con un "te bendigo" tuyo, para hacer que no pueda salir de mí otra cosa sino un himno de amor continuo hacia ti.

Dulce Amor mío, debiendo atender a mis ocupaciones, me quedo en tu Corazón. Temo salir de Él, pero Tú me mantendrás en Él, ¿no es cierto? Nuestros latidos se tocarán sin cesar, de manera que me darás vida, amor y estrecha e inseparable unión contigo. Ah, te ruego, dulce Jesús mío, si ves que alguna vez estoy por dejarte, que tus latidos se sientan más fuertemente en los míos, que tus manos me estrechen más fuertemente a tu Corazón, que tus ojos me miren y me lancen saetas de fuego, para que, sintiéndote, me deje atraer a la mayor unión contigo. Oh Jesús mío, mantente en guardia para que no me aleje de ti. Ah, bésame, abrázame, bendíceme y haz junto conmigo lo que debo hacer ahora.

De las 5 a las 6 de la tarde
PRIMERA HORA
Jesús se despide de su Santísima Madre

Oh Mamá Celestial, ya se acerca la hora de la separación y yo vengo a ti. Oh Madre, dame tu amor y tus reparaciones, dame tu dolor, pues junto contigo quiero seguir, paso a paso, al adorado Jesús. Y he aquí que Jesús viene, y Tú, con el alma rebosante de amor, corres a su encuentro, pero al verlo tan pálido y triste, el corazón se te oprime por el dolor, las fuerzas te abandonan y estás a punto de caer a sus pies. Oh dulce Madre mía ¿sabes para qué ha venido a ti el adorable Jesús? Ah, ha venido para decirte su último adiós, para decirte una última palabra y para recibir tu último abrazo.

Oh Mamá, me estrecho a ti, con toda la ternura de que es capaz este pobre corazón mío, para que estrechada y unida a ti, también yo pueda recibir los abrazos del adorado Jesús. ¿Me desdeñarás acaso Tú? ¿No es más bien un consuelo para tu corazón tener un alma a tu lado, que comparta contigo las penas, los afectos y las reparaciones?

Oh Jesús, en esta hora tan desgarradora para tu tiernísimo corazón, qué lección nos das de filial y amorosa obediencia para con tu Madre. ¡Qué dulce armonía es la que hay entre María y Tú! ¡Qué suave encanto de amor, que sube hasta el Trono del Eterno y se extiende para salvación de todas las criaturas de la tierra!

Oh Celestial Madre mía, ¿sabes lo que quiere de ti el adorado Jesús? No quiere otra cosa sino tu última bendición. Es verdad que de todas las partículas de tu ser no salen sino bendiciones y alabanzas al Creador, pero Jesús, al despedirse de ti, quiere oír esas dulces palabras: "Te bendigo, oh Hijo". Y este "te bendigo" aparta de sus oídos todas las blasfemias y desciende dulce y suave a su corazón. Y como para poner una reparación a todas las ofensas de las criaturas, Jesús quiere tu "te bendigo". Y yo me uno a ti, oh dulce Mamá, y en las alas de los vientos quiero recorrer el Cielo para pedir al Padre, al Espíritu Santo y a todos los ángeles un "te bendigo" para Jesús, a fin de que, yendo a Él, le pueda llevar sus bendiciones. Y aquí, en la tierra, quiero ir a todas las criaturas y pedir a cada labio, a cada latido, a cada paso, a cada respiro, a cada mirada, a cada pensamiento, bendiciones y alabanzas para Jesús, y si ninguna me las quiere dar, yo quiero darlas por ellas.

Oh dulce Mamá, después de haber recorrido y vuelto a recorrer todo para pedir a la Sacrosanta Trinidad, a los ángeles, a todas las criaturas, a la luz del sol, al perfume de las flores, a las olas del mar, a cada soplo de viento, a cada chispa de fuego, a cada hoja que se mueve, al centellear de las estrellas, a cada movimiento de la naturaleza, un "te bendigo", vengo a ti y, junto con tus bendiciones, pongo las mías.

Dulce Mamá, veo que recibes consuelo y alivio y ofreces a Jesús todas mis bendiciones en reparación por las blasfemias y maldiciones que recibe de las criaturas. Pero mientras te ofrezco todo, oigo tu voz temblorosa que dice: "Hijo, bendíceme también Tú". Y yo te digo, oh mi dulce Amor Jesús, bendíceme a mí también al bendecir a tu Madre. Bendice mis pensamientos, mi corazón, mis manos, mis obras y mis pasos y, con tu Madre, bendice a todas las criaturas.

Oh Madre mía, al ver el rostro del dolorido Jesús, pálido, triste y acongojado, se despierta en ti el pensamiento de los dolores que dentro de poco deberá sufrir. Prevés su rostro cubierto de salivazos y lo bendices; su cabeza traspasada por las espinas, sus ojos vendados, su cuerpo desgarrado por los flagelos, sus manos y sus pies taladrados por los clavos, y adonde quiera que Él está por ir, Tú lo sigues con tus bendiciones; y junto contigo yo también lo sigo. Cuando Jesús sea golpeado por los flagelos, coronado de espinas, abofeteado, traspasado por los clavos, dondequiera encontrará, junto con tu "te bendigo", el mío.

Oh Jesús, oh Madre, os compadezco. Inmenso es vuestro dolor en estos últimos momentos; parece que el corazón del uno arranque el corazón del otro. Oh Madre, arranca mi corazón de la tierra y átalo fuerte a Jesús para que, estrechado a Él, pueda tomar parte en tus dolores, y mientras os estrecháis, os abrazáis, os dirigís las últimas miradas y los últimos besos, estando yo en medio de vuestros dos corazones, pueda recibir vuestros últimos besos y vuestros últimos abrazos. ¿No veis que no puedo estar sin vosotros, a pesar de mi miseria y mi frialdad? Jesús, Mamá, tenedme estrechada a vosotros, dadme vuestro amor, vuestro Querer, saetead mi pobre corazón y estrechadme entre vuestros brazos; y junto contigo, oh dulce Madre, quiero seguir, paso a paso, al adorado Jesús, con la intención de darle consuelo, alivio, amor y reparación por todos.

Oh Jesús, junto con tu Madre te beso el pie izquierdo, suplicándote que quieras perdonarme a mí y a todas las criaturas por todas las veces que no hemos caminado hacia Dios. Beso tu pie derecho: perdóname a mí y a todos por todas las veces que no hemos seguido la perfección que Tú querías de nosotros. Beso tu mano izquierda: comunícanos tu pureza. Beso tu mano derecha: bendice todos mis latidos, pensamientos, afectos, a fin de que fortalecidos por tu bendición, todos se santifiquen. Y al bendecirme a mí, bendice también a todas las criaturas y, con tu bendición, sella la salvación de sus almas.

Oh Jesús, junto con tu Mamá, te abrazo, y besándote el corazón, te ruego que pongas en medio de vuestros dos corazones el mío, para que se alimente continuamente de vuestros amores, de vuestros dolores, de vuestros mismos afectos y deseos y de vuestra misma vida.

Así sea.

De las 6 a las 7 de la tarde
SEGUNDA HORA
Jesús se aleja de su Madre Santísima y se encamina al Cenáculo

Mi adorable Jesús, mientras tomo parte junto contigo, en tus dolores y en los de tu afligida Mamá, veo que te decides a partir para encaminarte adonde el Querer del Padre te llama. Es tan grande el amor entre Hijo y Madre, que os hace inseparables, por lo que Tú te quedas en el corazón de tu Mamá y la dulce Mamá y Reina se queda en el tuyo; de lo contrario os hubiera sido imposible separaros. Pero después, bendiciéndoos mutuamente, Tú le das el último beso para fortalecerla en los acerbos dolores que debe soportar, le dices tu último adiós y partes. Pero la palidez de tu rostro, tus labios temblorosos, tu voz sofocada, como si fueras a romper en llanto al decirle adiós, ¡ah, todo esto me dice cuánto la amas y lo que sufres al dejarla! Pero para cumplir la Voluntad del Padre, con vuestros corazones fundidos el uno en el otro, a todo os sometéis queriendo reparar por aquéllos que por no vencer las ternuras de los parientes o amigos, o los vínculos y los apegos, no se preocupan por cumplir el Querer Santo de Dios y por corresponder al estado de santidad al que Dios los llama. ¡Qué dolor te dan estas almas al rechazar de sus corazones el amor que quieres darles y se contentan con el amor de las criaturas!

Amable amor mío, mientras reparo contigo, permite que me quede con tu Mamá para consolarla y sostenerla mientras Tú te alejas; después apresuraré mis pasos para venir a alcanzarte.

Pero con sumo dolor mío veo que mi angustiada Mamá tiembla, y es tanto su dolor, que mientras trata de decir adiós al Hijo, la voz se le apaga en los labios y no puede articular palabra alguna; casi se desmaya y, en su desfallecimiento de amor, dice: "¡Hijo mío, Hijo mío, te bendigo! ¡Qué amarga separación, más cruel que cualquier muerte!" Pero el dolor le impide hablar y la enmudece.

¡Desconsolada Reina, deja que te sostenga, que te enjugue las lágrimas, que te compadezca en tu amargo dolor! Madre mía, no te dejaré sola. Tú, tómame contigo y enséñame, en este momento tan doloroso para Jesús y para ti, lo que debo hacer, cómo debo defenderlo, cómo debo repararlo y consolarlo, y si debo exponer mi vida para defender la suya. No, no me separaré, me quedaré debajo de tu manto, a una señal tuya volaré a Jesús y le llevaré tu amor, tus afectos y tus besos, junto con los míos, y los pondré en cada llaga, en cada gota de su sangre, en cada pena e insulto, a fin de que, sintiendo en cada pena los besos y el amor de su Mamá, sus penas queden endulzadas. Después volveré bajo tu manto trayéndote sus besos para endulzar tu corazón traspasado.

Madre mía, el corazón me palpita; quiero ir a Jesús. Y mientras beso tus manos maternas, bendíceme como has bendecido a Jesús y permíteme que vaya a Él.

Dulce Jesús mío, el amor me muestra tus pasos y yo te alcanzo mientras recorres las calles de Jerusalén con tus amados discípulos. Te miro y te veo todavía pálido; oigo tu voz, dulce, sí, pero triste, tanto, que rompe el corazón de tus discípulos, que están desconcertados. "Es la última vez -dices- que recorro estas calles por Mí mismo; mañana las recorreré atado y arrastrado entre mil insultos". Y señalando los puntos en los que serás más infamado y maltratado, sigues diciendo: "Mi vida está por terminar acá abajo, como está por ponerse el sol, y mañana, a esta hora, ya no existiré... Pero como sol resucitaré al tercer día". Al oír tus palabras, los Apóstoles se ponen tristes y taciturnos y no saben qué responder. Pero Tú añades: "Ánimo, no os abatáis, Yo no os dejo; siempre estaré con vosotros, pero es necesario que Yo muera por el bien de todos". Y así diciendo te conmueves y con voz temblorosa continúas instruyéndolos. Antes de entrar en el Cenáculo miras el sol que ya se pone, así como está por ponerse tu vida, y ofreces tus pasos por aquéllos que se encuentran en el ocaso de la vida y les das la gracia de que la hayan ponerse en ti, y reparas por aquéllos que a pesar de los sinsabores y de los desengaños de la vida, se obstinan en no rendirse a ti. Después, miras de nuevo a Jerusalén, el centro de tus milagros y de las predilecciones de tu corazón, y que en correspondencia ya te está preparando la cruz y afilando los clavos para cometer el deicidio, y te estremeces, se te rompe el corazón y lloras por su destrucción. Y con esto reparas por tantas almas consagradas a ti, que con tanto cuidado tratabas de convertir en portentos de tu amor y que, ingratas, no te corresponden y te hacen así padecer más amarguras. Y yo quiero reparar contigo para endulzar esta herida de tu corazón.

Pero veo que te quedas horrorizado ante la vista de Jerusalén y, retirando de ella tus miradas, entras en el Cenáculo. Amor mío, estréchame a tu corazón para que haga mías tus amarguras y las ofrezca junto contigo. Y Tú, mira piadoso mi alma y, derramando tu amor en ella, bendíceme.

De las 7 a las 8 de la noche
TERCERA HORA
La Cena Legal

Oh Jesús, ya llegas al Cenáculo con tus amados discípulos y te pones a cenar con ellos. Qué dulzura, qué afabilidad muestras en toda tu Persona al abajarte a tomar por última vez el alimento material. Aquí todo es amor en ti, y también en esto no sólo reparas por los pecados de gula, sino que imploras la santificación del alimento.

Jesús, vida mía, tu mirada dulce y penetrante parece escrutar a todos los Apóstoles, y aun en ese acto de tomar el alimento, tu corazón queda traspasado viendo a tus amados Apóstoles, débiles y vacilantes todavía, en modo especial al pérfido Judas, que ya ha puesto un pie en el infierno. Y Tú, desde el fondo de tu corazón, amargamente dices: "¿Cuál es la utilidad de mi sangre? ¡He aquí un alma, tan beneficiada por Mí, está perdida!" Y con tus ojos resplandecientes de luz y de amor, lo miras como queriendo hacerle comprender el gran mal que se dispone a hacer. Pero tu suprema caridad te hace soportar este dolor y no lo manifiestas ni siquiera a tus otros amados discípulos. Y mientras te dueles por Judas, tu corazón se llena de alegría viendo a tu izquierda a tu amado discípulo Juan, tanto que, no pudiendo contener más el amor, atrayéndolo dulcemente a ti, le haces apoyar su cabeza sobre tu corazón, haciéndole probar el Paraíso por adelantado. Es en esta hora solemne cuando en los dos discípulos quedan representados los dos pueblos, el réprobo y el elegido. El réprobo en Judas, que ya siente el infierno en el corazón, y el elegido en Juan, que en ti reposa y goza.

Oh dulce Bien mío, también yo me pongo a tu lado y junto con tu discípulo amado quiero apoyar mi cabeza cansada sobre tu corazón adorable, y rogarte que a mí también me hagas sentir sobre esta tierra las delicias del Cielo, de manera que, raptada por las dulces armonías de tu corazón, la tierra ya no sea más tierra para mí, sino Cielo.

Pero en esas armonías dulcísimas y divinas siento que se te escapan dolorosos latidos: ¡Son por las almas perdidas! Oh Jesús, no permitas que nuevas almas se pierdan; haz que tu palpitar, corriendo en el suyo, les haga sentir los latidos de la vida del Cielo, como los siente tu amado discípulo Juan, y que, atraídas por la suavidad y la dulzura de tu amor, puedan rendirse a ti.

Oh Jesús, mientras me quedo en tu corazón, dame también a mí el alimento, como se lo diste a los Apóstoles: El alimento del amor, el alimento de la Palabra divina, el alimento de la Divina Voluntad. Oh Jesús mío, nunca me niegues este alimento que tanto deseas Tú darme, para que se forme en mí tu misma Vida.

Dulce Bien mío, mientras estoy cerca de ti, veo que el alimento que tomas junto con tus amados discípulos no es sino un cordero. Éste es el cordero que te representa, y así como en este cordero no queda ningún humor vital por la acción del fuego, así Tú, místico Cordero, que debes consumirte todo por las criaturas, por la fuerza del amor, ni siquiera una gota de tu sangre conservarás para ti, derramándola toda por amor a nosotros. Oh Jesús, Tú no haces nada que no represente a lo vivo tu dolorosísima Pasión, la que tienes siempre en la mente, en el corazón, en todo, y esto me enseña que si yo tuviera también siempre en la mente y en el corazón el pensamiento de tu Pasión, jamás me negarías el alimento de tu amor. ¡Cuánto te lo agradezco!

Oh Jesús mío, ningún acto se te escapa en el que no me tengas presente y con el que no pretendas hacerme un bien especial; por eso te ruego que tu Pasión esté siempre en mi mente, en mi corazón, en mis miradas, en mis pasos y en mis penas, a fin de que adonde quiera que me dirija, dentro y fuera de mí, te encuentre siempre presente para mí, y dame la gracia de que no olvide jamás lo que Tú sufriste y padeciste por mí. Esto sea para mí como un imán que, atrayendo todo mi ser a ti, haga que no pueda nunca alejarme de ti.

De las 8 a las 9 de la noche
CUARTA HORA
La Cena Eucarística

Dulce Amor mío, siempre insaciable en tu amor, veo que al terminar la Cena Legal, junto con tus amados discípulos te levantas de la mesa y, unido a ellos, elevas el himno de agradecimiento al Padre por haberos dado el alimento, queriendo con esto reparar todas las faltas de gratitud de las criaturas, por tantos medios como nos da para la conservación de la vida corporal. Por eso Tú, oh Jesús, en todo lo que haces, tocas o ves, tienes siempre en tus labios las palabras: "¡Gracias te sean dadas, oh Padre!" También yo, oh Jesús, unida a ti, tomaré la palabra de tus mismos labios y diré siempre y en todo: "Gracias, oh Padre, por mí y por todos", para continuar yo la reparación por las faltas de agradecimiento.

Mas, oh mi Jesús, tu amor parece no darse tregua. Veo que de nuevo haces que tus amados discípulos se sienten; tomas una palangana con agua y, ciñéndote una toalla blanca, te postras a los pies de los Apóstoles en un acto tan humilde que atrae la atención de todo el Cielo y lo hace quedar estático. Los mismos Apóstoles se quedan casi sin movimiento al verte postrado a sus pies. Pero dime, Amor mío, ¿qué quieres, qué pretendes con este acto tan humilde? ¡Humildad nunca vista y que jamás se verá!

"¡Ah hija mía, quiero todas las almas, y postrado a sus pies como un pobre mendigo, les pido, las importuno y, llorando, les tiendo mis insidias de amor para ganarlas! Quiero, postrado a sus pies, con esta palangana de agua mezclada con mis lágrimas, lavarlas de cualquier imperfección y prepararlas a recibirme en el Sacramento. Me interesa tanto este acto, que no quiero confiar este oficio a los ángeles, y ni aun a mi querida Mamá, sino que Yo mismo quiero purificar hasta sus más íntimas fibras, para disponerlos a recibir el fruto del Sacramento, y en los Apóstoles es mi intención preparar a todas las almas.

Quiero reparar por todas las obras santas, por la administración de los Sacramentos y, en especial, por las cosas hechas por los Sacerdotes, con espíritu de soberbia, vacías de espíritu divino y desinterés. ¡Ah, cuántas obras buenas me llegan más para deshonrarme que para darme honor, más para amargarme que para complacerme, más para darme muerte que para darme vida! Estas son las ofensas que más me entristecen. Ah, sí, hija mía, enumera todas las ofensas más íntimas que se me hacen, y dame reparación con mis mismas reparaciones y consuela mi corazón amargado."

¡Oh afligido Bien mío!, hago mía tu Vida y junto contigo quiero repararte por todas esas ofensas. Quiero entrar en todos los más íntimos lugares de tu Corazón Divino y reparar con tu mismo corazón por las ofensas más íntimas y secretas que recibes de tus predilectos. Quiero, oh Jesús mío, seguirte en todo, y junto contigo quiero girar por todas las almas que deben recibirte en la Eucaristía y entrar en sus corazones. Y junto mis manos a las tuyas, oh Jesús, y con tus lágrimas y con el agua con que lavaste los pies de los Apóstoles, lavemos las almas que te han de recibir; purifiquemos sus corazones, incendiémoslos, sacudamos de ellos el polvo con que están manchados, a fin de que, al recibirte, Tú puedas encontrar en ellas tus complacencias, en lugar de tus amarguras.

Pero, amoroso Bien mío, mientras estás todo atento, lavando los pies de los Apóstoles, te miro y veo otro dolor que traspasa tu Corazón Santísimo. Estos Apóstoles representan para ti a todos los futuros hijos de la Iglesia, y cada uno de Ellos representa la serie de cada uno de los males que iban a existir en la Iglesia y, por tanto, la serie de cada uno de tus dolores. En uno, las debilidades; en otro, los engaños; en otro, las hipocresías; en otro, el amor desmedido a los intereses; en San Pedro, la falta de buenos propósitos y todas las ofensas de los Jefes de la Iglesia; en San Juan, las ofensas de tus más fieles; en Judas, todos los apóstatas, con la serie de los graves males que ellos cometen. Ah, tu corazón está sofocado por el dolor y por el amor, tanto que no pudiendo sostenerte, te detienes a los pies de cada Apóstol, rompes en llanto y ruegas y reparas por cada una de esas ofensas e imploras para todos el remedio oportuno. Jesús mío, también yo me uno contigo; hago mías tus súplicas, tus reparaciones, tus oportunos remedios para cada alma, y quiero mezclar mis lágrimas con las tuyas para que nunca estés solo, sino que me tengas siempre contigo para compartir tus penas.

Pero, Amor mío, mientras continúas lavando los pies de los Apóstoles, veo que ya estás a los pies de Judas. Siento tu respiro afanoso y veo que no sólo lloras, sino que sollozas, y mientras lavas esos pies, los besas, te los estrechas al corazón y, no pudiendo hablar con la voz porque te ahoga el llanto, lo miras con tus ojos hinchados por las lágrimas y con el corazón le dices: "¡Hijito mío, ah, te ruego con la voz de mis lágrimas: No te vayas al infierno; dame tu alma, que a tus pies postrado te pido! Dime, ¿qué quieres?, ¿qué pretendes? Todo te daré con tal de que no te pierdas. ¡Ah, evítame este dolor, a mí, tu Dios!" Y vuelves a estrechar esos pies a tu corazón. Pero viendo la dureza de Judas, tu corazón se ve en aprietos, tu amor te ahoga y estás a punto de desmayarte. Corazón mío y Vida mía, permíteme que te sostenga entre mis brazos. Comprendo que éstas son las estratagemas amorosas que usas con cada pecador obstinado. Ah, Corazón mío, mientras te compadezco y te doy reparación por las ofensas que recibes de las almas que se obstinan en no querer convertirse, te ruego que recorramos juntos la tierra, y donde haya pecadores obstinados, démosles tus lágrimas para enternecerlos, tus besos y tus abrazos de amor para encadenarlos a ti, de manera que no puedan escapar, y así te consolaré por el dolor de la pérdida de Judas.

Jesús mío, gozo y delicia mía, veo que tu amor corre, que rápidamente corre. Doliente como estás, te levantas y casi corres al altar, donde están preparados el pan y el vino para la Consagración. Veo, Corazón mío, que tomas un aspecto todo nuevo y jamás visto; tu Divina Persona toma un aspecto tierno, amoroso, afectuoso; tus ojos resplandecen de luz más que si fueran soles; tu rostro, alegre y resplandeciente; tus labios, sonrientes y abrasados de amor, y tus manos creadoras se ponen en actitud de crear. Te veo, amor mío, todo transformado. Parece como si tu Divinidad se desbordara fuera de tu Humanidad. Corazón mío y Vida mía, Jesús, este aspecto tuyo, nunca antes visto, llama la atención de todos los Apóstoles, quienes subyugados por tan dulce encanto, no osan ni siquiera respirar. La dulce Mamá corre en espíritu a los pies del altar, a admirar los portentos de tu amor. Los ángeles descienden del Cielo y entre ellos se preguntan, "¿qué pasa?" Son verdaderas locuras, auténticos excesos: ¡Es Dios que crea, no el cielo o la tierra, sino su Presencia Real! ¿Y dónde? En la vilísima materia de un poco de pan y un poco de vino. Y mientras están todos en torno a ti, oh Amor insaciable, veo que tomas el pan entre tus manos, lo ofreces al Padre, y oigo tu dulcísima voz, que dice: "Padre Santo, gracias te sean dadas, pues siempre escuchas a tu Hijo. Padre Santo, concurre conmigo. Tú, un día, me enviaste del Cielo a la tierra a encarnarme en el seno de mi Mamá para venir a salvar a nuestros hijos. Ahora permíteme que me quede en cada hostia para continuar la salvación de ellos y para ser vida de cada uno de mis hijos. Mira, oh Padre, quedan pocas horas de mi vida, ¿quién tendrá corazón para dejar solos y huérfanos a mis hijos? Sus enemigos son muchos: las tinieblas, las pasiones, las debilidades a que están sujetos. ¿Quién los ayudará? ¡Ah, te suplico me quede en cada hostia para ser vida de cada uno, para poner en fuga a sus enemigos y ser para ellos luz, fuerza y ayuda en todo! Pues de lo contrario ¿a dónde irán? ¿Quién los ayudará? Nuestras obras son eternas, mi amor es irresistible, por eso no puedo ni quiero dejar a mis hijos."

El Padre se enternece a la voz tierna y afectuosa del Hijo, y desciende del Cielo. Ya está sobre el altar, unido con el Espíritu Santo, para concurrir con el Hijo. Y Jesús, con voz sonora y conmovedora, pronuncia las palabras de la Consagración, y sin dejarse a sí mismo, se encierra a sí mismo en ese pan y vino.

Después te das en comunión a tus Apóstoles, y creo que nuestra Madre Celestial no se vio privada de recibirte. ¡Ah, Jesús, los Cielos se postran y todos te envían un acto de adoración en tu nuevo estado de profundo anonadamiento!

Pero, ¡Oh dulce Jesús!, mientras tu amor queda contento y satisfecho, no teniendo ya nada más que hacer, veo, Bien mío, que sobre ese altar, en tus manos, están todas las hostias consagradas que se perpetuarán hasta el fin de los siglos, y en cada hostia, desplegada, toda tu dolorosa Pasión, pues las criaturas, a los excesos de tu amor, te preparan excesos de ingratitud y de enormes delitos. Y yo, Corazón de mi corazón, quiero estar siempre contigo en cada tabernáculo, en todos los copones y en cada hostia consagrada que habrá hasta el fin del mundo, para darte mis actos de reparación a medida que recibes las ofensas.

Por eso, Corazón mío, me pongo cerca de ti y te beso la frente majestuosa. Pero al besarte siento punzar mis labios por las espinas que rodean tu cabeza, porque en esta hostia santa, oh Jesús mío, las criaturas no te limitan las espinas como en la Pasión, sino que ellas vienen ante ti y, en lugar de darte el homenaje de sus pensamientos, te envían sus pensamientos malos, y Tú bajas de nuevo tu cabeza, como en la pasión, para recibir las espinas de los malos pensamientos que se tienen en tu presencia. Oh Amor mío, también yo bajo mi cabeza para compartir contigo tus penas y pongo todos mis pensamientos en tu mente para sacarte esas espinas que tanto dolor te dan, y cada pensamiento mío corre en cada uno de los tuyos, para ofrecerte un acto de reparación por cada pensamiento malo de las criaturas, y endulzar así tus afligidos pensamientos.

Jesús, Bien mío, beso tus bellos ojos. Te veo en esta hostia santa, con esos ojos amorosos, en espera de todos aquellos que vienen a tu presencia, para mirarlos con tus miradas de amor y para obtener la correspondencia de sus miradas amorosas; pero, ¡cuántos vienen ante ti y en vez de mirarte y buscarte a ti, miran cosas que los distraen de ti y te privan del gusto del intercambio de miradas entre Tú y ellos, y Tú lloras! Por eso, al besarte siento mis labios empapados por tus lágrimas. Ah Jesús mío, no llores. Quiero poner mis ojos en los tuyos para compartir contigo estas penas tuyas, llorar contigo y darte reparación por las miradas distraídas, ofreciéndote el mantener mis miradas siempre fijas en ti.

Jesús, Amor mío, beso tus santísimos oídos. Ah, te veo todo atento, escuchando lo que quieren de ti las criaturas, para consolarlas, pero ellas, por el contrario, hacen llegar a tus oídos oraciones mal hechas, llenas de recelos, sin verdadera confianza; oraciones, en su mayor parte, por rutina y sin vida. Y tus oídos en esta hostia santa son más molestados que en la misma Pasión. Oh Jesús mío, quiero tomar todas las armonías del Cielo y ponerlas en tus oídos para repararte por estas molestias; quiero poner mis oídos en los tuyos, no sólo para compartir contigo estas molestias, sino para estar siempre atenta a lo que quieres, a lo que sufres, y darte inmediatamente mi acto de reparación y consolarte.

Jesús, Vida mía, beso tu santísimo rostro. Lo veo sangrante, lívido e hinchado. Ah, las criaturas vienen ante esta hostia santa, y con sus posturas indecentes, con las conversaciones malas que tienen delante de ti, en lugar de darte honor, te envían bofetadas y salivazos, y Tú, como en la Pasión, con toda paz, con toda paciencia, los recibes y lo soportas todo. Oh Jesús, quiero poner mi rostro no sólo junto al tuyo, para acariciarte y besarte cuando te dan esas bofetadas y limpiarte los salivazos, sino que quiero ponerlo en tu mismo rostro para compartir contigo estas penas; y más aun, quiero hacer de mi ser, muchos diminutos pedacitos para ponerlos ante ti como otras tantas estatuas arrodilladas, en continua genuflexión, para repararte por todos los deshonores que se cometen delante de ti.

Jesús, mi Todo, beso tu dulcísima boca. Y veo que, al Tú descender a los corazones de las criaturas, el primer sitio donde te apoyas es la lengua, y oh, qué amargado quedas al encontrar muchas lenguas mordaces, impuras, malas. Ah, te sientes como envenenado por esas lenguas, y peor aún cuando desciendes a los corazones. Oh Jesús, si me fuera posible, quisiera encontrarme en la boca de cada criatura para endulzarte y repararte por cada ofensa que recibes de ellas.

Fatigado Bien mío, beso tu santísimo cuello. Pero te veo cansado, agotado y todo ocupado en tu quehacer de amor. Dime, ¿qué haces?

Y Jesús: "Hija mía, Yo, en esta hostia, trabajo desde la mañana hasta la noche, formando continuas cadenas de amor, a fin de que, al venir las almas a mí, encuentren ya preparadas mis cadenas de amor para encadenarlas a mi corazón. Pero, ¿sabes tú lo que ellas me hacen? Muchas toman a mal estas cadenas mías y se liberan de ellas por la fuerza y las hacen añicos, y como estas cadenas están atadas a mi corazón, Yo quedo torturado y deliro. Y mientras hacen pedazos mis cadenas, haciendo fracasar el trabajo que hago en el Sacramento, buscan las cadenas de las criaturas, y esto aun en mi presencia, sirviéndose de mí para lograr su intento. Esto me da tanto dolor, que me da una fiebre tan violenta que me hace desfallecer y delirar."

¡Cuánto te compadezco, oh Jesús! Tu amor es puesto en apuros. ¡Ah!, te ruego, para consolarte por tu trabajo y para repararte cuando son despedazadas tus cadenas amorosas, que encadenes mi corazón con todas estas cadenas para poder darte por todos mi correspondencia de amor.

Jesús mío, flechero divino, beso tu pecho. Y es tal y tan grande el fuego que contiene, que, para dar un poco de desahogo a tus llamas que tan en alto se elevan, Tú, queriendo descansar un poco en tu trabajo, en el Sacramento quieres entretenerte también, y tu entretenimiento es formar flechas, dardos, saetas, para que cuando las almas vengan a ti, Tú te entretengas con ellas haciendo salir de tu pecho tus flechas para herirlas, y cuando las reciben, forman tu fiesta y Tú formas tu entretenimiento. Pero muchas, oh Jesús, te las rechazan, enviándote a su vez, flechas de frialdad, dardos de tibieza y saetas de ingratitud. Y Tú te quedas tan afligido, que lloras porque las criaturas te hacen fracasar en tus entretenimientos de amor. Oh Jesús, he aquí mi pecho, dispuesto a recibir no sólo las flechas destinadas para mí, sino también todas las que las demás rechazan. Así no volverás ya a fracasar en tus entretenimientos, y en correspondencia quiero darte reparación por las frialdades, por las tibiezas y por las ingratitudes que recibes.

Oh Jesús, beso tu mano izquierda. Y quiero reparar por todos los tocamientos ilícitos y no santos hechos en tu presencia, y te ruego que con esta mano me tengas siempre abrazada a tu Corazón.

Oh Jesús, beso tu mano derecha. Y quiero repararte por todos los sacrilegios, especialmente por las misas mal celebradas. ¡Cuántas veces, Amor mío, te ves obligado a descender del Cielo a las manos de los sacerdotes, que en virtud de su potestad te llaman, y encuentras esas manos llenas de fango, que chorrean inmundicia, y Tú, aunque sientes náusea de esas manos, sin embargo, te ves obligado por tu amor a estar en ellas! Es más, en algunos sacerdotes es peor; en ellos encuentras a los sacerdotes aquellos de tu pasión, que con sus enormes delitos y sacrilegios renuevan el deicidio. Jesús mío, es espantoso pensarlo: otra vez te encuentras, como en la Pasión, en esas manos indignas, como un manso corderito, esperando de nuevo tu muerte. ¡Ah, Jesús, cuánto sufres! ¡Cómo quisieras una mano amorosa para librarte de esas manos sanguinarias! ¡Ah, cuando te encuentres en esas manos, te ruego que hagas que también yo me encuentre presente para darte mi reparación! Quiero cubrirte con la pureza de los ángeles y perfumarte con sus virtudes para calmar el hedor de esas manos y darte mi corazón como salida y refugio. Y mientras estés en mí, yo te rogaré por los sacerdotes para que sean dignos ministros tuyos, y así no pongan en peligro tu vida sacramental.

Oh Jesús, beso tu pie izquierdo. Y quiero repararte por quienes te reciben por rutina y sin las debidas disposiciones.

Oh Jesús, beso tu pie derecho. Y quiero repararte por aquellos que te reciben para ultrajarte. Cuando se atrevan a hacer eso, ah, te ruego que renueves el milagro que hiciste cuando Longinos te atravesó el corazón con la lanza, que al fluir aquella sangre que brotó, tocándole los ojos, lo convertiste y lo sanaste; que así, al contacto tuyo sacramental, conviertas esas ofensas en amor.

Oh Jesús, beso tu Corazón, el centro donde se vuelcan todas las ofensas. Y quiero darte mi reparación por todo, y por todos quiero corresponderte con amor, y siempre, junto contigo, compartir tus penas. Ah, te suplico, Celestial Flechero de amor, que si olvido repararte por alguna ofensa, me hagas prisionera en tu Corazón y en tu Voluntad para que nada se me pueda escapar. A nuestra dulce Mamá, suplicaré que me mantenga alerta, y unidas, Ella y yo, te repararemos por todo y por todos; juntas, te besaremos y, dándote reparación, alejaremos de ti las olas de amarguras que por desgracia recibes de las criaturas.

Ah Jesús, recuerda que yo también soy una pobre encarcelada, si bien es cierto que tus cárceles son mucho más estrechas, como lo es el breve espacio de una hostia. Así, pues, enciérrame en tu Corazón, y con las cadenas de tu amor no sólo aprisióname, sino ata a ti, uno por uno, mis pensamientos, mis afectos y mis deseos; espósame las manos y los pies a tu corazón, para no tener otras manos ni pies que los tuyos. De manera que, Amor mío, mi cárcel sea tu corazón; mis cadenas, el amor; las rejas que me impidan absolutamente salir, tu Voluntad Santísima; y sus llamas serán mi alimento, mi respiración, mi todo. De modo que ya no veré otra cosa sino llamas, y no tocaré sino fuego, que me dará muerte y vida, como Tú lo sufres en la hostia, y así te daré mi vida. Y mientras yo quedo prisionera en ti, Tú quedarás libre en mí. ¿No ha sido éste tu propósito al encarcelarte en la hostia: ser desencarcelado por las almas que te reciben, recibiendo vida en ellas? Así pues, bendíceme como señal de tu amor y dame un beso, y yo te abrazo y me quedo en ti.

Pero veo, oh dulce Corazón mío, que después de que has instituido el Santísimo Sacramento, y has visto la enorme ingratitud y las innumerables ofensas de las criaturas ante tantos excesos de amor tuyos, aunque quedas herido y amargado, sin embargo, no retrocedes; al contrario, en la inmensidad de tu amor, quisieras ahogarlo todo.

Te veo, oh Jesús, que te das en comunión a tus Apóstoles, y después agregas que eso que has hecho Tú, lo deben hacer también ellos, dándoles así la potestad de consagrar. De esta manera los ordenas Sacerdotes e instituyes este otro Sacramento. De modo que piensas en todo y reparas todo: las predicaciones mal hechas, los Sacramentos administrados y recibidos sin disposiciones, y que quedan, por lo tanto, sin sus buenos efectos; las vocaciones equivocadas de algunos Sacerdotes, tanto por parte de ellos como por parte de quienes los ordenan, no usando todos los medios para conocer las verdaderas vocaciones. ¡Ah, nada se te escapa, oh Jesús! Y yo quiero seguirte y repararte por todas estas ofensas.

Y después de que has ordenado todo, en compañía de tus Apóstoles te encaminas al Huerto de Getsemaní para dar principio a tu dolorosa Pasión. Y yo en todo te seguiré para hacerte fiel compañía.

Primera hora de agonía en el Huerto de Getsemaní

Afligido Jesús mío, como por una corriente eléctrica me siento atraída a este Huerto. Ah, comprendo que Tú me llamas, y como por un potente imán siento atraído mi corazón herido. Y yo corro, pensando para mí: "¿Qué cosa es esta atracción de amor que siento en mí? Ah, quizás mi perseguido Jesús se encuentra en tal estado de amargura que siente necesidad de mi compañía". Y yo vuelo. Pero ¡qué! Me siento sobrecogida al entrar en este Huerto. Es la oscuridad de la noche, la intensidad del frío, el moverse lento de las hojas que, como voces quejumbrosas, presagian penas, tristezas y muerte para mi dolorido Jesús; el dulce centellear de las estrellas, que, como ojos llorosos, están mirando atentas y me reprochan mis ingratitudes. Yo tiemblo, y a tientas lo voy buscando y lo llamo: "Jesús, ¿dónde estás? ¿Me llamas y no te dejas ver? ¿Me llamas y te escondes?" Todo es terror, todo es espanto y silencio profundo. Pero aguzo el oído y percibo su respirar afanoso, y es precisamente a Jesús a quien encuentro. ¡Pero qué cambio funesto ha habido! Ya no es el dulce Jesús de la Cena Eucarística, cuyo rostro resplandecía con una hermosura deslumbrante y arrebatadora, sino que ahora está triste, con una tristeza mortal que desfigura su natural belleza. Ya está en agonía, y yo me siento turbada al pensar que no escucharé más su voz, porque parece que muere. Por eso me abrazo a sus pies, y haciéndome más atrevida, me acerco a sus brazos, le pongo la mano en la frente para sostenerlo y, en voz baja, lo llamo: "¡Jesús, Jesús!"

Y entonces Él, sacudido por mi voz, me mira y me dice:

"Hija, ¿estás aquí? Te estaba esperando, pues el completo abandono de todos es la tristeza que más me oprime. Y te esperaba a ti para hacerte espectadora de mis penas y para hacerte beber conmigo el cáliz de las amarguras que mi Padre Celestial me enviará dentro de poco, por medio de un ángel. Lo beberemos juntos; no será un cáliz de consuelo sino de intensa amargura, y siento la necesidad de que alguna alma amante beba alguna gota al menos. Por eso te he llamado, para que tú lo aceptes y compartas conmigo mis penas y me asegures que no vas a dejarme solo en tanto abandono."

Ah, sí, apesadumbrado Jesús mío, bebamos juntos el cáliz de tus amarguras, suframos juntos tus penas; yo no me apartaré jamás de tu lado. Y el afligido Jesús, después de habérselo yo asegurado, entra en agonía mortal y sufre penas jamás vistas ni escuchadas. Y yo, no pudiendo resistir y queriendo compadecerlo y aliviarlo, le digo: "Dime, ¿por qué estás tan triste, tan afligido y solo, en este Huerto y en esta noche? Es la última noche de tu vida en la tierra, pocas horas te quedan para comenzar tu Pasión. Yo pensaba encontrar al menos a la Mamá Celestial, a la amante Magdalena, a tus fieles Apóstoles, pero, por el contrario, te encuentro solo, solo, en poder de una tristeza que te causa una despiadada muerte, pero sin hacerte morir. Oh mi Bien y mi Todo, ¿no me respondes? Háblame. Pero parece que te falta la palabra, tan grande es la tristeza que te oprime. Mas, oh Jesús mío, esa mirada tuya, llena de luz, sí, pero afligida e indagadora, que parece que busca ayuda; tu rostro tan pálido, tus labios abrasados por el amor, tu Divina Persona, que tiembla toda de pies a cabeza; tu corazón, que palpita tan fuerte, y esos latidos tuyos que buscan almas y que te dan tal afán que parece que de un momento a otro vas a expirar, me dicen que Tú estás solo y que por eso quieres mi compañía. ¡Heme aquí, oh Jesús, toda para ti y contigo! Pero mi corazón no resiste al verte tirado por tierra; te tomo entre mis brazos y te estrecho a mi corazón. Quiero contar, uno por uno, tus afanes, una por una, las ofensas que se te presentan ante tu mente, para darte por todo, alivio, por todo, reparación, y darte por todo, por lo menos, mi compasión. Pero, oh Jesús mío, mientras te tengo entre mis brazos, tus sufrimientos aumentan; siento, Vida mía, correr en tus venas un fuego, siento que la sangre te hierve y te quiere romper las venas para salir afuera. Dime, Amor mío, ¿qué tienes? No veo azotes, ni espinas, ni clavos, ni cruz y, sin embargo, apoyando mi cabeza sobre tu Corazón, siento que crueles espinas te traspasan la cabeza, que flagelos despiadados no dejan a salvo ninguna partícula tuya, ni dentro ni fuera de tu Divina Persona, y que tus manos están contraídas y desfiguradas, más que si fuera por los clavos. Dime, dulce Bien mío, ¿quién es el que tiene tanto poder, hasta en tu interior, para atormentarte tanto y hacerte sufrir tantas muertes por cuantos tormentos te da?" Y parece que Jesús bendito, abriendo sus labios débiles y moribundos, me dice:

"Hija mía, ¿quieres saber quién es el que me atormenta más que los mismos verdugos, es más, que ellos serán nada en comparación con él? ¡Es el amor eterno!, que queriendo tener el primado en todo, me está haciendo sufrir todo junto, y hasta en lo más íntimo, lo que los verdugos me harán sufrir poco a poco. ¡Ah, hija mía! Es el amor el que prevalece por entero sobre mí y en mí. El amor es para mí, clavo; el amor es para mí, flagelo; el amor es para mí, corona de espinas; el amor es para mí, todo; el amor es para mí, mi Pasión perenne, mientras que la pasión que los hombres me darán es temporal. Ah, hija mía, entra en mi Corazón y ven a perderte en mi amor, y sólo en mi amor comprenderás cuánto he sufrido y cuánto te he amado, y aprenderás a amarme y a sufrir sólo por amor."

Oh Jesús mío, ya que Tú me llamas a estar dentro de tu Corazón, para hacerme ver lo que el amor te hizo sufrir, yo entro en él, y al entrar, veo los portentos del amor, que no te corona la cabeza con espinas materiales, sino con espinas de fuego; que no te flagela con cuerdas, sino con flagelos de fuego; que te crucifica no con clavos de hierro, sino de fuego. Todo él es fuego que penetra en tus huesos hasta la misma médula, y que, destilando fuego a toda tu Santísima Humanidad, te causa penas mortales, ciertamente más que en la misma pasión, y prepara un baño de amor para todas las almas que quieran lavar de cualquier mancha y adquirir el derecho de ser hijas del amor.

¡Oh amor sin fin, yo siento que retrocedo ante tal inmensidad de amor, y veo que para poder entrar en el amor y comprenderlo, debo ser toda amor! Y, ¡oh Jesús mío, no lo soy! Pero ya que Tú quieres mi compañía y quieres que entre en ti, te suplico que hagas que me convierta toda en amor; por eso te suplico que corones mi cabeza y cada uno de mis pensamientos con la corona del amor; te pido, oh Jesús, que con el flagelo del amor flageles mi alma, mi cuerpo, mis potencias, mis sentimientos, mis deseos, mis afectos, en suma, todo, y en todo quede flagelada y sellada por el amor. Haz, oh amor interminable, que en mí no haya cosa alguna que no tome vida del amor. Oh Jesús, centro de todos los amores, te suplico que claves mis manos y mis pies con los clavos del amor para que, enteramente clavada por el amor, en amor me convierta, el amor entienda, de amor me vista, de amor me alimente, y el amor me tenga toda clavada en ti, a fin de que ninguna cosa, ni dentro ni fuera de mí, se atreva a desviarme y alejarme del amor, oh Jesús."

De las 10 a las 11 de la noche
SEXTA HORA
Segunda hora de agonía en el Huerto de Getsemaní

Oh dulce Jesús mío, ya ha transcurrido una hora desde que llegaste a este Huerto. El amor tomó el primado sobre todo, haciéndote sufrir todo junto lo que los verdugos te harán sufrir en el curso de tu amarguísima Pasión; más aún, suplió y llegó a hacerte sufrir todo lo que ellos no podrán, y en las partes más internas de tu Divina Persona. Jesús mío, te veo ya vacilante en tus pasos, pero, no obstante, quieres caminar. Dime, oh Bien mío, ¿a dónde quieres ir? Ah, ya comprendo: a encontrar a tus amados discípulos. Y yo también quiero acompañarte para sostenerte si Tú vacilas. Pero, oh Jesús mío, otra amargura encuentra tu Corazón: Ellos duermen. Y Tú, siempre piadoso, los llamas, los despiertas y con paternal amor los amonestas y les recomiendas la vigilancia y la oración. Y vuelves al Huerto, pero llevas otra punzada en el Corazón, y en esta punzada veo, oh Amor mío, todas las punzadas de las almas consagradas a ti, que, o por tentación o por estado de ánimo o por falta de mortificación, en vez de estrecharse a ti, de velar y orar, se abandonan a sí mismas y, somnolientas, en vez de progresar en el amor y en la unión contigo, retroceden. Cuánto te compadezco, oh Amante apasionado, y te reparo por todas las ingratitudes de tus más fieles. Éstas son las ofensas que más entristecen a tu Corazón adorable, y es tal y tan grande su amargura, que deliras. Pero, oh Amor sin confines, tu amor, que te hierve en las venas, vence todo y olvida todo. Te veo postrado por tierra, y que oras, te ofreces, reparas y en todo quieres glorificar al Padre, por las ofensas que le hacen las criaturas. También yo, oh Jesús mío, me postro contigo y, unida a ti, quiero hacer lo que haces Tú.

Pero, oh Jesús, delicia de mi corazón, veo que la multitud de todos los pecados, nuestras miserias, nuestras debilidades, los más enormes delitos, las más negras ingratitudes, te vienen al encuentro, se arrojan sobre ti y te aplastan, te hieren, te muerden; y Tú, ¿qué haces? La sangre que te hierve en las venas hace frente a todas estas ofensas, rompe las venas y en copiosos arroyos brota fuera, te baña todo y escurre hasta la tierra, dando sangre por ofensas, vida por muerte. ¡Ah, Amor, a qué estado te veo reducido! Estás expirando ya. ¡Oh Bien mío, dulce Vida mía, no te mueras!, levanta la cara de esta tierra que has bañado con tu santísima sangre, ven a mis brazos y haz que yo muera en tu lugar Pero oigo la voz trémula y moribunda de mi dulce Jesús, que dice: "¡Padre, si es posible, pase de mí este cáliz, pero no mi voluntad, sino la tuya, se haga!"

Ya es la segunda vez que oigo esto de mi dulce Jesús. Pero, ¿qué es lo que quieres hacerme comprender con estas palabras: "Padre, si es posible, pase de mí este cáliz?" Oh Jesús, se te hacen presentes todas las rebeliones de las criaturas; aquel "Hágase tu Voluntad", que debía ser la vida de cada criatura, lo ves rechazado por casi todas, y éstas, en lugar de encontrar la vida, encuentran la muerte. Y Tú, queriendo dar la vida a todas y hacer una solemne reparación al Padre por las rebeliones de las criaturas, por tres veces repites: "¡Padre, si es posible, pase de mí este cáliz!, es decir: que las almas, separándose de nuestra Voluntad, se pierdan. Este cáliz es para mí muy amargo; sin embargo, ¡no mi voluntad, sino la tuya, se haga!"

Pero mientras dices esto, es tal y tan grande la amargura, que te reduce al extremo, te hace agonizar y estás a punto de dar el último respiro.

Oh mi Jesús, mi Bien, ya que estás en mis brazos, yo también quiero unirme contigo; quiero repararte y compadecerte por todas las faltas, por todos los pecados que se cometen contra tu Santísimo Querer, y suplicarte que en todo yo haga siempre tu Santísima Voluntad; que tu Voluntad sea mi respiro, mi aire; que tu Voluntad sea mi latido, sea mi corazón, mi pensamiento, mi vida y mi muerte. Pero, ah, no te mueras. ¿Adónde iré sin ti? ¿A quién me dirigiré, quién me ayudará? Todo acabaría para mí. Ah, no me dejes; tenme como quieras, como a ti más te plazca, pero tenme contigo, siempre contigo; que jamás suceda que, ni por un instante, me quede separada de ti. Es más, déjame endulzarte, repararte y compadecerte por todos, porque veo que todos los pecados, de todas las especies, pesan sobre ti.

Por eso, Amor mío, beso tu santísima cabeza. Pero, ¿qué veo? Todos los malos pensamientos, y Tú sientes repugnancia por ellos. Cada pensamiento malo es una espina para tu santísima cabeza, que te punza acerbamente. Ah, no podrán compararse con la corona de espinas que te pondrán los judíos. ¡Cuántas coronas de espinas te ponen en tu adorable cabeza los malos pensamientos de las criaturas!, tanto que la sangre te brota por todas partes, de la frente y hasta de entre los cabellos. Jesús, te compadezco, y quisiera ponerte otras tantas coronas de gloria, y para endulzarte te ofrezco todas las inteligencias angélicas y tu misma inteligencia, y así ofrecerte compasión y una reparación por todos.

Oh Jesús, beso tus ojos piadosos. Y en ellos veo todas las malas miradas de las criaturas que hacen correr sobre tu rostro lágrimas de sangre. Te compadezco y quisiera endulzar tu vista poniéndote delante todos los gustos que se pueden encontrar en el Cielo y en la tierra.

Jesús, Bien mío, beso tus santísimos oídos. Pero, ¿qué escucho? En ellos oigo el eco de las horrendas blasfemias, los gritos de venganza y de maledicencia; no hay voz que no resuene en tus castísimos oídos. Oh amor insaciable, te compadezco, y quiero consolarte haciendo resonar en ellos todas las armonías del Cielo, la voz dulcísima de tu querida

Mamá, los encendidos acentos de la Magdalena y de todas las almas que te aman.

Jesús, Vida mía, un beso más ferviente quiero estampar en tu rostro, cuya belleza no tiene par. Ah, este es el rostro que los ángeles ardientemente desean mirar, por la inmensa hermosura que los arrebata; sin embargo, las criaturas lo ensucian con salivazos, lo golpean con bofetadas y lo pisotean bajo sus pies. ¡Amor mío, qué osadía! ¡Quisiera gritar fuertemente para ponerlos en fuga! Te compadezco, y para reparar estos insultos me dirijo a la Trinidad Sacrosanta para pedir el beso del Padre y del Espíritu Santo y las divinas caricias de sus manos creadoras; me dirijo también a la Mamá Celestial para que me dé sus besos, las caricias de sus manos maternas y sus profundas adoraciones; me dirijo también a todas las almas consagradas a ti, y te lo ofrezco todo para repararte por las ofensas que se le hacen a tu santísimo rostro.

Dulce bien mío, beso tu dulcísima boca, amargada por las horribles blasfemias, por las náuseas de la gula y de las embriagueces, por las conversaciones obscenas, por las oraciones mal hechas, por las malas enseñanzas y por todo lo malo que hace el hombre con la lengua. Jesús, te compadezco y quiero endulzarte la boca, ofreciéndote todas las alabanzas angélicas y el buen uso de la lengua que hacen tantos santos cristianos.

Oprimido amor mío, beso tu cuello. Lo veo cargado de sogas y cadenas, por los apegos y los pecados de las criaturas. Te compadezco, y para aliviarte te ofrezco la unión indisoluble de las Divinas Personas; y yo, fundiéndome en esta unión, extiendo a ti mis brazos y, formando en torno a tu cuello dulces cadenas de amor, quiero alejar de ti las ataduras de los apegos que casi te ahogan, y para consolarte te estrecho fuerte a mi corazón.

Fortaleza divina, beso tus santísimos hombros. Los veo lacerados y veo tus carnes arrancadas a pedazos, por los escándalos y los malos ejemplos de las criaturas. Te compadezco, y para aliviarte te ofrezco tus santos ejemplos y los ejemplos de la Reina Mamá y los de todos los santos; y quiero, Jesús mío, haciendo correr mis besos en cada una de estas llagas, encerrar en ellas las almas que por motivo de escándalo han sido arrancadas de tu Corazón, queriendo así sanar las carnes de tu Santísima Humanidad.

Fatigado Jesús mío, beso tu pecho, que veo herido por las frialdades, por las tibiezas, por las faltas de correspondencia y por las ingratitudes de todas las criaturas. Te compadezco, y para aliviarte te ofrezco el amor recíproco del Padre y del Espíritu Santo y la perfecta correspondencia entre las tres Divinas Personas; y yo, oh Jesús mío, sumergiéndome en tu amor, quiero ser defensa para repeler los nuevos golpes que las criaturas te lanzan con sus pecados, y tomando tu amor, quiero con él herirlas, para que ya no se atrevan a ofenderte nunca más, y quiero derramarlo en tu pecho para endulzarte y sanarte.

Oh Jesús mío, beso tus manos creadoras. Y veo todas las malas acciones de las criaturas que, como otros tantos clavos, traspasan tus santas manos, de modo que no quedas crucificado sólo con tres clavos, como sobre la cruz, sino con tantos clavos por cuantas son las obras malas que hacen las criaturas. Te compadezco, y para darte consuelo te ofrezco todas las obras santas y el valor de los mártires al dar su sangre y su vida por tu amor; y quisiera también, Jesús mío, ofrecerte todas las buenas obras para quitarte todos los clavos de las obras malas.

Oh Jesús, beso tus pies santísimos, siempre incansables en la búsqueda de las almas. Y veo que en ellos encierras todos los pasos de las criaturas, pero sientes que muchas de ellas se te escapan y tú quisieras detenerlas. Por cada uno de sus malos pasos Tú te sientes traspasado por un clavo, y quieres servirte de todos estos clavos para clavarlas en tu amor. Y tal y tan intenso es el dolor que sientes y el esfuerzo que haces por clavarlas a tu amor, que te estremeces todo. Dios mío y Bien mío, te compadezco, y para consolarte te ofrezco los pasos de los religiosos buenos y de todas las almas fieles que exponen su vida por salvar almas.

Oh Jesús, beso tu Corazón. Tú sigues agonizando, no por lo que te harán sufrir los judíos, no, sino por el dolor que te causan todas las ofensas de las criaturas. En estas horas quieres dar el primado al amor, el segundo lugar, a todos los pecados, por los cuales expías, reparas, glorificas al Padre y aplacas a la divina justicia, y el tercer lugar, a los judíos. Y con esto das a entender que la pasión que te harán sufrir los judíos no será sino la representación de la doble pasión amarguísima que te hacen sufrir el amor y el pecado; y por esto es por lo que yo veo, todo concentrado en tu Corazón: la lanza del amor, la lanza del pecado, y esperas la tercera lanza, la lanza de los judíos. Y tu Corazón, sofocado por el amor, sufre contracciones violentas, afectos impacientes de amor, deseos que te consumen y latidos de fuego que quisieran dar vida a cada corazón. Y precisamente es aquí, en tu Corazón, donde sientes todo el dolor que te causan las criaturas, las cuales, con sus deseos malos, con sus afectos desordenados, con sus latidos profanados, en vez de querer tu amor, buscan otros amores.

¡Jesús, cuánto sufres! Te veo desfallecer, sumergido por las olas de nuestras iniquidades. Te compadezco, y quiero endulzar la amargura de tu Corazón, triplemente traspasado, ofreciéndote las dulzuras eternas y el amor dulcísimo de la querida Mamá, María, y el de todos tus verdaderos amantes.

Y ahora, Jesús mío, haz que mi pobre corazón tome vida de tu Corazón, para que no viva más que con tu solo Corazón, y en cada ofensa que recibas, haz que yo me encuentre siempre preparada para ofrecerte un consuelo, un alivio, una reparación, un acto de amor ininterrumpido.

De las 11 a las 12 de la noche
SÉPTIMA HORA
Tercera hora de agonía en el Huerto de Getsemaní

Dulce Bien mío, mi corazón no resiste. Te miro y veo que sigues agonizando. La sangre te chorrea, como en arroyos, de todo el cuerpo, y con tanta abundancia, que, no pudiendo sostenerte de pie, has caído en un lago. ¡Oh Amor mío, se me rompe el corazón viéndote tan débil y agotado! Tu rostro adorable y tus manos creadoras se apoyan en la tierra y se llenan de sangre. Me parece que a los ríos de iniquidad que te mandan las criaturas, Tú quieras dar ríos de sangre para hacer que estas culpas queden ahogadas en ellos y, de este modo, dar a cada uno tu perdón.

¡Mas, oh Jesús mío, reanímate; ya es demasiado lo que sufres! ¡Baste ya, hasta aquí, a tu amor! Y mientras parece que mi amable Jesús muere en su propia sangre, el amor le da nueva vida. Lo veo moverse penosamente, se pone de pie y así, cubierto de sangre y fango, parece que quiere caminar, pero no teniendo fuerzas, fatigosamente se arrastra. Dulce Vida mía, déjame que te lleve entre mis brazos. ¿Es que vas, acaso, hacia tus amados discípulos? ¡Pero cuánto es el dolor de tu adorable Corazón al encontrarlos nuevamente dormidos! Y Tú, con voz trémula y apagada, los llamas: "Hijos míos, no durmáis; la hora está próxima. ¿No veis a qué estado me he reducido? Ah, ayudadme, no me abandonéis en estas horas extremas". Y casi vacilante estás a punto de caerte a su lado mientras Juan extiende sus brazos para sostenerte. Estás tan irreconocible que de no haber sido por la suavidad y la dulzura de tu voz, no te habrían reconocido. Después, recomendándoles que estén vigilantes y que oren, vuelves al Huerto, pero con una segunda herida en el Corazón. En esta herida veo, oh Bien mío, todas las culpas de aquellas almas que a pesar de las manifestaciones de tus favores en dones, caricias y besos, en las noches de la prueba, olvidándose de tu amor y de tus dones, se quedan adormiladas y somnolientas, perdiendo así el espíritu de continua oración y vigilancia.

Jesús mío, es cierto que después de haberte visto y después de haber gustado tus dones, el quedar privado de ellos y resistir requiere de gran fuerza; sólo un milagro puede hacer que esas almas resistan a la prueba. Por eso, mientras te compadezco por esas almas, cuyas negligencias, ligerezas y ofensas son las más amargas para tu Corazón, te ruego que si acaso ellas llegasen a dar un solo paso que pudiera en lo más mínimo disgustarte, las rodees de tanta gracia que las haga detenerse, para que no pierdan el espíritu de continua oración.

Dulce Jesús mío, mientras vuelves al Huerto, parece que ya no puedes más; levantas al Cielo tu rostro cubierto de sangre y de tierra, y repites por tercera vez: "¡Padre, si es posible, pase de mí este cáliz! ¡Padre Santo, ayúdame! ¡Tengo necesidad de consuelo! Es verdad que por las culpas que he tomado sobre mí, soy repugnante, despreciable, el último entre los hombres ante tu majestad infinita; tu justicia está airada contra mí; pero mírame, ¡oh Padre!, pues siempre soy tu Hijo y formo una sola cosa contigo. ¡Ah, socorro, piedad, oh Padre, no me dejes sin consuelo!"

A continuación, oh Bien mío, me parece escuchar que llamas en tu ayuda a la querida Mamá: "Dulce Mamá, estréchame entre tus brazos como me estrechabas siendo niño; dame aquella leche que tomaba de ti, para recobrarme y endulzar las amarguras de mi agonía; dame tu Corazón, que es todo mi contento. ¡Madre mía, Magdalena, queridos Apóstoles, vosotros todos los que me amáis, ayudadme, confortadme! ¡No me dejéis solo en estos momentos extremos; hacedme todos corona a mi alrededor, dadme el consuelo de vuestra compañía y de vuestro amor!"

Jesús, Amor mío, ¿quién puede resistir viéndote en estos extremos? ¿Qué corazón será tan duro que no se rompa viéndote ahogado en tu sangre? ¿Quién no derramará a torrentes amargas lágrimas al escuchar los dolorosos acentos con que buscas ayuda y consuelo? Jesús mío, consuélate; ya veo que el Padre te envía un ángel como consuelo y ayuda, para que puedas salir de este estado de agonía y puedas entregarte en manos de los judíos. Y mientras Tú estás con el ángel, yo recorreré Cielos y tierra. Tú me permitirás que tome esta sangre que has derramado, para que pueda dársela a todos los hombres como prenda de salvación para cada uno y traerte como consuelo y en correspondencia, sus afectos, latidos, pensamientos, pasos y obras.

Celestial Madre mía, vengo a ti para que vayamos juntas a todas las almas y les demos la sangre de Jesús. Dulce Mamá, Jesús quiere consuelo, y el mayor consuelo que podemos darle es traerle almas. ¡Magdalena, acompáñanos! ¡Ángeles todos, venid a ver a qué estado se ha reducido Jesús! Él quiere consuelo de todos, y es tal y tan grande el abatimiento en que se encuentra, que no desdeña a ninguno.

Jesús mío, mientras bebes el cáliz lleno de intensas amarguras que el Padre Celestial te ha enviado, oigo que suspiras más, que gimes y que deliras, y con voz sofocada dices: "¡Almas, almas, venid, aliviadme, tomad sitio en mi Humanidad! ¡Os quiero, os anhelo! ¡Ah, no estéis sordas a mi voz, no hagáis vanos mis deseos ardientes, mi sangre, mi amor y mis penas! ¡Venid, almas, venid!"

Delirante Jesús, cada uno de tus gemidos y suspiros es una herida para mi corazón, herida que no me da paz, por lo que hago mía tu sangre, tu Querer, tu celo ardiente, tu amor, y recorriendo Cielos y tierra, quiero ir a todas las almas para darles tu sangre como prenda de salvación y traértelas a ti para calmar tus anhelos, tus delirios y endulzar las amarguras de tu agonía, y mientras hago esto, acompáñame, Tú mismo, con tu mirada.

Madre mía, vengo a ti porque Jesús quiere almas, quiere consuelo; dame, pues, tu mano materna y recorramos, juntas, todo el mundo, en busca de almas. Encerremos en su sangre los afectos, los deseos, los pensamientos, las obras, y los pasos de todas las criaturas, y pongamos en sus almas las llamas de su Corazón para que se rindan, y así, encerradas en su sangre y transformadas en sus llamas, las conduzcamos en torno a Jesús para endulzarle las penas de su amarguísima agonía.

Ángel Custodio mío, precédenos tú, y ve disponiendo a las almas que han de recibir esta sangre, para que ninguna gota se quede sin su copioso efecto.

¡Madre mía, pronto, pongámonos en camino! Veo que Jesús nos sigue con su mirada; escucho sus repetidos sollozos que nos incitan a apresurar nuestra tarea.

Y he aquí, oh Mamá, que ya a los primeros pasos nos encontramos a las puertas de las casas donde yacen los enfermos. ¡Cuántos miembros atormentados! ¡Cuántos enfermos, bajo la atrocidad de los agudos dolores, prorrumpen en blasfemias e intentan quitarse la vida! Otros están abandonados por todos y no tienen quien les dé una palabra de consuelo ni los más necesarios socorros, y por eso reniegan más y se desesperan. Ah, Mamá, escucho los sollozos de Jesús, pues ve correspondidas con ofensas sus más delicadas predilecciones de amor, que hacen sufrir a las almas para hacerlas semejantes a Él. Ah, démosles su sangre para que las provea de las ayudas necesarias y les haga comprender con su luz el bien que hay en el sufrir y la semejanza que adquieren con Jesús. Y tú, Madre mía, ponte a su lado y, como Madre afectuosa, toca con tus manos maternas sus miembros adoloridos y calma sus dolores, tómalas en tus brazos y derrama de tu Corazón torrentes de gracias sobre todas sus penas. Haz compañía a los abandonados, consuela a los afligidos; para quienes carecen de los medios necesarios, dispón tú almas generosas que los socorran; a quienes se encuentran bajo la atrocidad de los sufrimientos, implórales descanso y reposo, para que así, recobrados, puedan soportar con mayor paciencia todo lo que Jesús dispone para ellos.

Sigamos nuestro recorrido y entremos en la estancia de los moribundos. ¡Madre mía, qué terror! ¡Cuántas almas hay a punto de caer en el infierno! ¡Cuántas, después de una vida de pecado, quieren dar el último dolor a ese Corazón repetidamente traspasado, coronando su último respiro con un acto de desesperación! Muchos demonios están en torno a ellas, arrojando en sus corazones terror y espanto de los divinos juicios, dándoles así el último asalto para llevarlas al infierno; desearían avivar las llamas del infierno para envolverlas en ellas y no dar así lugar a la esperanza. Otras, atadas por los apegos de la tierra, no saben resignarse a dar el último paso. Ah Mamá, son los últimos momentos y tienen mucha necesidad de ayuda. ¿No ves cómo tiemblan, cómo se debaten entre los espasmos de la agonía, cómo piden ayuda y piedad? La tierra ya ha desaparecido para ellas. Mamá Santa, ponles tu mano materna sobre sus heladas frentes y acoge Tú sus últimos respiros. Demos a cada moribundo la sangre de Jesús, la que poniendo en fuga a los demonios, disponga a todos a recibir los últimos Sacramentos y a una buena y santa muerte. Démosles el consuelo de la agonía de Jesús, sus besos, sus lágrimas y sus llagas; rompamos las ataduras que los tienen sujetos; hagamos oír a todos las palabras del perdón y pongámosles tal confianza en el corazón, que hagamos que se arrojen en los brazos de Jesús. Y así Él, cuando los juzgue, los encontrará cubiertos con su sangre, abandonados en sus brazos, y a todos les dará su perdón.

Pero continuemos, oh Mamá. Tu mirada materna mire con amor la tierra y se mueva a compasión por tantas pobres criaturas que necesitan esta sangre. Madre mía, me siento incitada por la mirada indagadora de Jesús a correr, porque quiere almas. Siento sus gemidos en el fondo de mi corazón, que me repiten: "¡Hija mía, ayúdame; dame almas!"

Mira, Mamá, cómo está llena la tierra de almas que están a punto de caer en el pecado, y cómo Jesús rompe en llanto viendo su sangre sufrir nuevas profanaciones. Hace falta un milagro que les impida la caída; démosles, pues, la sangre de Jesús para que encuentren en ella la fuerza y la gracia para no caer en el pecado.

Un paso más, oh Madre, y he aquí otras almas ya caídas en la culpa, las cuales necesitan una mano que las levante. Jesús las ama, pero las mira horrorizado porque están enfangadas, y su agonía se hace aún más intensa. Démosles la sangre de Jesús para que encuentren así esa mano que las levante. Mira, oh Mamá, son almas que tienen necesidad de esta sangre, almas muertas a la gracia. ¡Oh, qué lamentable es su estado! El Cielo las mira y llora con dolor; la tierra las mira con repugnancia; todos los elementos están contra ellas y quisieran destruirlas, porque son enemigas del Creador. Oh Mamá, la sangre de Jesús contiene la vida. Démosela, pues, para que a su contacto estas almas resuciten y resurjan más hermosas, y hagan así sonreír a todo el Cielo y la tierra.

Pero sigamos, oh Mamá. Mira, hay almas que llevan la marca de la perdición, almas que pecan y huyen de Jesús, que lo ofenden y desesperan de su perdón. Son los nuevos Judas dispersos por la tierra, que traspasan ese Corazón tan amargado. Démosles la sangre de Jesús para que esta sangre borre en ellos la marca de la perdición y les imprima la de la salvación; para que ponga en sus corazones tanta confianza y amor después de la culpa, que los haga correr a los pies de Jesús y estrecharse a esos pies divinos para no separarse nunca más. Mira, oh Mamá, hay almas que corren locamente hacia la perdición y no hay quien detenga su carrera. Ah, pongamos esta sangre ante sus pies para que, al tocarla, ante su luz y ante sus voces suplicantes, que quieren salvarlas, puedan retroceder y ponerse en el camino de la salvación.

Continuemos, Mamá, nuestro recorrido. Mira, hay almas buenas, almas inocentes, en las que Jesús encuentra sus complacencias y su descanso de la Creación, pero las criaturas están en torno a ellas con muchas insidias y escándalos, para arrancar esta inocencia y convertir las complacencias y el descanso de Jesús en llanto y amarguras, como si no tuvieran más fin que el de dar continuos dolores a ese Corazón divino. Sellemos y circundemos, pues, su inocencia con la sangre de Jesús, para que sea como un muro de defensa para que en ellas no entre la culpa. Pon en fuga, con su sangre, a quienes quisieran contaminarlas, y consérvalas sin tacha y puras, para que en ellas Jesús encuentre su descanso de la Creación y todas sus complacencias, y por amor de ellas se mueva a piedad de tantas otras pobres criaturas. Madre mía, pongamos estas almas en la sangre de Jesús, atémoslas una y otra vez con el Santo Querer de Dios, llevémoslas a sus brazos y con las dulces cadenas de su amor atémoslas a su Corazón para endulzar las amarguras de su mortal agonía.

Pero escucha, oh Mamá, esta sangre grita y quiere todavía otras almas. Corramos juntas y vayamos a las regiones de los herejes y de los infieles. ¡Cuánto dolor siente Jesús en estas regiones! Él, siendo vida de todos, no recibe en correspondencia ni siquiera un pequeño acto de amor y no es conocido por sus mismas criaturas. Ah, Mamá, démosles esta sangre para que les disipe las tinieblas de la ignorancia y de la herejía, para que les haga comprender que tienen un alma y abra para ellas el Cielo. Después, pongámoslas todas en la sangre de Jesús y conduzcámoslas en torno a Él como tantos hijos huérfanos y desterrados que encuentran a su Padre, y así Jesús se sentirá confortado en su amarguísima agonía.

Pero parece que Jesús no está aún contento, porque quiere más almas. Siente que le son arrancadas de sus brazos las almas de los moribundos de estas regiones, para que vayan a precipitarse en el infierno. Estas almas están ya a punto de expirar y caer en el abismo, y no hay nadie a su lado para salvarlas. ¡El tiempo apremia, los momentos son extremos y, sin duda, se perderán! No, Mamá, esta sangre no será derramada inútilmente por ellas; por tanto, volemos inmediatamente hacia ellas y derramemos sobre su cabeza la sangre de Jesús para que les sirva de Bautismo e infunda en ellas la Fe, la Esperanza y la Caridad. Ponte a su lado, oh

Mamá, y suple Tú todo lo que les falta; más aún, déjate ver; en tu rostro resplandece la belleza de Jesús, tus modos son en todo iguales a los suyos, y por eso, viéndote, podrán conocer con certeza a Jesús. Estréchalas después a tu Corazón materno, infúndeles la vida de Jesús que tú posees, diles que, siendo Tú su Madre, las quieres para siempre felices contigo en el Cielo, y así, mientras expiran, recíbelas en tus brazos y haz que de los tuyos pasen a los de Jesús. Y si Jesús mostrase, según los derechos de la justicia, que no puede recibirlas, recuérdale el amor con el que te las confió bajo la cruz, y reclama tus derechos de Madre, de manera que a tu amor y a tus plegarias Él no pueda resistirse, y mientras contentará tu Corazón, contentará también sus ardientes deseos.

Y ahora, oh Mamá, tomemos esta sangre y démosla a todos: A los afligidos, para que sean consolados; a los pobres, para que sufran su pobreza resignados y agradecidos; a los que son tentados, para que obtengan la victoria; a los incrédulos, para que en ellos triunfe la virtud de la Fe; a los blasfemos, para que cambien sus blasfemias en bendiciones; a los Sacerdotes, para que comprendan su misión y sean dignos ministros de Jesús; toca sus labios con esta sangre para que no digan palabras que no sean para la gloria de Dios; toca sus pies para que los pongan en vuelo en busca de almas y las conduzcan a Jesús. Demos esta sangre a quienes rigen los pueblos, para que estén unidos y tengan mansedumbre y amor hacia sus súbditos.

Volemos ahora al Purgatorio y demos también esta sangre a las almas penantes, pues ellas lloran y suplican esta sangre para su liberación. ¿No escuchas, oh Mamá, sus gemidos y sus delirios de amor que las torturan, y cómo continuamente se sienten atraídas hacia el Sumo Bien? ¿Ves cómo Jesús mismo quiere purificarlas para tenerlas cuanto antes consigo? Él las atrae con su amor, y ellas le corresponden con continuos ímpetus de amor hacia Él, pero al encontrarse en su presencia, no pudiendo aún sostener la pureza de la divina mirada, son obligadas a retroceder y caer de nuevo en las llamas. Madre mía, descendamos en esta profunda cárcel y, derramando sobre ellas esta sangre, llevémosles la luz, mitiguemos sus delirios de amor, extingamos el fuego que las abrasa, purifiquémoslas de sus manchas, para que así, libres de toda pena, vuelen a los brazos del Sumo Bien. Demos esta sangre a las almas más abandonadas, para que encuentren en ella todos los sufragios que las criaturas les niegan; demos a todas, oh Mamá, esta sangre, no privemos a ninguna, para que en virtud de ella todas encuentren alivio y liberación. Haz de Reina en estas regiones de llanto y de lamentos, extiende tus manos maternas y sácalas, de una en una, de estas llamas ardientes, para que todas emprendan el vuelo hacia el Cielo.

Y ahora hagamos también nosotras un vuelo hacia el Cielo. Pongámonos a las puertas eternas y permíteme, oh Mamá, que también a ti te dé esta sangre para tu mayor gloria. Esta sangre te inunde de nueva luz y de nuevos contentos, y haz que esta luz descienda en favor de todas las criaturas para darles a todas gracias de salvación.

Madre mía, dame también Tú a mí esta sangre. Tú sabes cuánto la necesito. Con tus mismas manos maternas, retoca todo mi ser con esta sangre y, retocándome, purifícame de mis manchas, cura mis llagas, enriquece mi pobreza; haz que esta sangre circule por mis venas y me dé toda la vida de Jesús, que descienda a mi corazón y lo transforme en su mismo Corazón, que me embellezca tanto que Jesús pueda encontrar en mí todas sus complacencias.

Finalmente, oh Mamá, entremos a las regiones del Cielo y demos esta sangre a todos los santos y a todos los ángeles para que puedan recibir mayor gloria y prorrumpan en himnos y acciones de gracias a Jesús y rueguen por nosotros, y así, en virtud de esta sangre, podamos reunirnos con ellos.

Y después de haber dado a todos esta sangre, vayamos de nuevo a Jesús. Ángeles y santos, venid con nosotras. Ah, Él suspira por las almas y quiere hacerlas entrar a todas en su Humanidad para darles a todas los frutos de su sangre. Pongámoslas a su alrededor y así sentirá que la vida le vuelve y se sentirá recompensado por la amarguísima agonía que ha sufrido.

Y ahora, Mamá santa, llamemos a todos los elementos a hacerle compañía, a fin de que ellos también rindan honor a Jesús. Oh luz del sol, ven a disipar las tinieblas de esta noche para dar consuelo a Jesús. Oh estrellas, con vuestros temblorosos rayos descended del cielo y venid a consolar a Jesús. Flores de la tierra, venid con vuestros perfumes; pajarillos de los aires, venid con vuestros trinos; elementos todos de la tierra, venid a confortar a Jesús. Ven, oh mar, a refrescar y a lavar a Jesús. Él es nuestro Creador, nuestra vida, nuestro todo; venid todos a confortarlo, a rendirle homenaje como a nuestro Soberano Señor.

Pero, ¡ay!, Jesús no busca luz, ni estrellas, ni flores, ni pájaros. ¡Él quiere almas, almas!

Dulce Bien mío, aquí están todos junto conmigo: A tu lado está nuestra Mamá querida: descansa Tú entre sus brazos; también Ella tendrá consuelo al estrecharte a su regazo, pues ha participado intensamente en tu dolorosa agonía. También está aquí Magdalena, está Marta, y están todas las almas amantes, de todos los siglos. Oh Jesús, acéptalas, y a todas di una palabra de perdón y de amor; átalas a todas en tu amor, para que nunca más alma alguna vuelva a huir de ti. Pero parece que me dices: "¡Ah hija, cuántas almas huyen de mí por la fuerza y se precipitan en la ruina eterna! ¿Cómo podrá, entonces, calmarse mi dolor, si Yo amo tanto a una sola alma, cuanto amo a todas las almas juntas?"

Conclusión de la Agonía

Agonizante Jesús, parece que tu vida está por apagarse; oigo ya el estertor de tu agonía y veo tus hermosos ojos, eclipsados por la cercana muerte, y tus santísimos miembros, abandonados, y me parece que ya no respiras. Siento que el corazón se me rompe por el dolor. Te abrazo y te siento helado; te toco y no das señales de vida. ¡Jesús! ¿Estás muerto?

Afligida Mamá, ángeles del Cielo, venid a llorar a Jesús, y no permitáis que yo siga viviendo sin Él, ¡pues no puedo! Y me lo estrecho más fuerte y siento que da otro respiro, y luego, que otra vez no da señales de vida. Y lo llamo: "¡Jesús, Jesús, vida mía, no te mueras! Ya oigo el alboroto de tus enemigos, que vienen a prenderte. ¿Quién te defenderá en el estado en que te encuentras?"

Y Él, sacudido, parece que resurge de la muerte a la vida. Me mira y me dice: "Oh alma, ¿estás aquí? ¿Has sido espectadora de mis penas y de tantas muertes como he sufrido? Pues bien, debes saber, oh hija, que en estas tres horas de amarguísima agonía en el Huerto he reunido en mí todas las vidas de las criaturas y he sufrido todas sus penas y hasta sus mismas muertes, dándole a cada una mi misma vida. Mis agonías sostendrán las suyas; mis amarguras y mi muerte se tornarán para ellas en fuente de dulzura y de vida. ¡Cuánto me cuestan las almas! ¡Si fuese al menos correspondido! Tú has visto cómo, mientras moría, volvía a respirar; eran las muertes de las criaturas que sentía en mí."

Afanado Jesús mío, ya que has querido encerrar en ti también mi vida y, por lo tanto, también mi muerte, te ruego que por esta amarguísima agonía tuya, vengas a asistirme en el momento de mi muerte. Yo te he dado mi corazón como refugio y reposo, mis brazos para sostenerte y todo mi ser a tu disposición, y oh, con cuánto gusto me entregaría en manos de tus enemigos para poder morir yo en tu lugar. Ven, oh vida de mi corazón, en aquel momento extremo, a darme lo que te he dado: tu compañía, tu Corazón como lecho y descanso, tus brazos como sostén, y tus respiros afanosos para aliviar mis afanes, de modo que al respirar respire por medio de tu respiración, que como aire purificador me purificará de toda mancha y me preparará la entrada en la felicidad eterna. Más aún, dulce Jesús mío, aplicarás a mi alma toda tu Humanidad Santísima, de modo que, al mirarme, me verás a través de ti mismo, y viéndote a ti mismo en mí, no hallarás nada de qué juzgarme; luego, me bañarás en tu sangre, me vestirás con la blanca vestidura de tu Santísima Voluntad, me adornarás con tu amor y, dándome el último beso, me harás emprender el vuelo de la tierra al Cielo.

Y ahora te ruego que hagas esto que quiero para mí, a todos los agonizantes; estréchalos a todos en el abrazo de tu amor y, dándoles el beso de la unión contigo, sálvalos a todos y no permitas que ninguno se pierda.

Afligido Bien mío, te ofrezco esta hora, en memoria de tu pasión y de tu muerte, para desarmar la justa cólera de Dios por tantos pecados, por la conversión de los pecadores, por la paz de los pueblos, por nuestra santificación y en sufragio de las almas del Purgatorio.

Pero veo que tus enemigos están ya cerca y Tú quieres dejarme para ir a su encuentro. Jesús, permíteme que te bese donde Judas osará besarte con su infernal beso. Permíteme que te limpie el rostro bañado en sangre, sobre el cual van a llover bofetadas y salivazos. Y Tú, estréchame fuertemente a tu Corazón, no permitas que jamás me separe de ti, haz que te siga en todo y bendíceme.

De las 12 de la noche a la 1 de la mañana
OCTAVA HORA
La Captura de Jesús

Oh Jesús mío, es ya medianoche. Oyes que se aproximan los enemigos, y limpiándote y enjugándote la sangre, y reanimado por los consuelos recibidos, vas nuevamente a tus discípulos, los llamas, los amonestas y te los llevas contigo, y sales al encuentro de tus enemigos, queriendo, con esto, reparar con tu prontitud mi lentitud, mi desgano y mi pereza en obrar y en sufrir por tu amor.

Mas, oh dulce Jesús, Bien mío, qué escena tan conmovedora veo: Al primero que encuentras es al pérfido Judas, el cual, acercándose a ti y echándote los brazos al cuello, te saluda y te besa. Y Tú, Amor entrañabilísimo, no desdeñas el beso de esos labios infernales; lo abrazas y lo estrechas a tu Corazón, queriendo arrancarlo del infierno, dándole muestras de nuevo amor.

Jesús mío, ¿cómo es posible no amarte? La ternura de tu amor es tanta que debiera arrebatar a cada corazón a amarte, y sin embargo, no te aman. Y Tú, oh Jesús mío, en este beso de Judas reparas las traiciones, los fingimientos, los engaños bajo aspecto de amistad y de santidad, y sobre todo, en los sacerdotes. Tu beso, además, declara que a ningún pecador rehusas perdonarlo, con tal de que venga a ti, humillado y arrepentido.

Tiernísimo Jesús mío, ya te entregas a merced de tus enemigos, dándoles el poder de hacerte sufrir todo lo que quieran. Yo también, Jesús mío, me entrego en tus manos para que libremente puedas hacer de mí lo que más te agrade. Y junto contigo quiero seguir tu Voluntad, tus reparaciones y sufrir tus penas. Quiero estar siempre en torno a ti para hacer que no haya ofensa que no repare, amargura que no endulce, salivazos y bofetadas que recibas, que no vayan seguidos por un beso y una caricia mía. En tus caídas, mis manos estarán siempre dispuestas para ayudarte a levantarte. De manera que, oh Jesús mío, siempre quiero estar contigo; ni un solo minuto quiero dejarte solo. Y para estar más segura, introdúceme dentro de ti, y así yo estaré en tu mente, en tus miradas, en tu Corazón y en todo tu ser, para hacer que lo que Tú haces pueda hacerlo también yo; así podré hacerte fiel compañía sin dejar que se me escape ninguna de tus penas, para darte por todo mi correspondencia de amor. Dulce Bien mío, estaré a tu lado para defenderte, para aprender tus enseñanzas y para enumerar una por una todas tus palabras. ¡Ah!, qué dulces descienden a mi corazón las palabras que dirigiste a Judas: "Amigo, ¿a qué has venido?" Y escucho que a mí también me diriges las mismas palabras, no llamándome amiga, sino con el dulce nombre de Hija. "Hija, ¿a qué has venido?" Y yo te respondo: "¡Jesús, a amarte!" "¿A qué has venido?", me dices si me despierto por la mañana; "¿A qué has venido?", si hago oración; "¿A qué has venido?", me repites desde la Hostia Santa, o si trabajo, o si tomo alimento, o si sufro, o si duermo. ¡Qué hermoso reclamo para mí y para todos! Pero cuántos, a tu pregunta, "¿A qué has venido?", responden: ¡Vengo a ofenderte! Otros, fingiendo no escucharte, se entregan a toda clase de pecados, y a tu pregunta "¿A qué has venido?", responden yéndose al infierno. ¡Cuánto te compadezco, oh Jesús! Quisiera tomar esas mismas sogas con las que están por atarte tus enemigos, para atar a estas almas y evitarte este dolor.

Y de nuevo oigo tu tiernísima voz, que dice, mientras sales al encuentro de tus enemigos: "¿A quién buscáis?" Y ellos responden: "A Jesús Nazareno". Y Tú les dices: "Yo Soy". Y con estas solas palabras dices todo y te das a conocer por lo que eres, tanto que tus enemigos tiemblan y caen por tierra como muertos. Y Tú, Amor sin par, diciendo de nuevo: "Yo Soy", los vuelves a llamar a la vida, y por ti mismo te entregas en poder de tus enemigos. Y ellos, pérfidos e ingratos, en vez de caer humildemente postrados a tus pies y pedirte perdón, abusando de tu bondad y despreciando gracias y prodigios, te ponen las manos encima y, con sogas y cadenas, te atan, te inmovilizan, te tiran al suelo, te pisotean bajo sus pies, te arrancan los cabellos, y Tú, con inaudita paciencia, callas, sufres y reparas las ofensas de los que, a pesar de los milagros, no se rinden a tu gracia, sino que cada vez se obstinan más.

Con tus sogas y cadenas suplicas al Padre la gracia de que sean rotas las cadenas de nuestras culpas, y nos atas con las dulces cadenas del amor. Y a Pedro, que quiere defenderte y llega hasta a cortar una oreja a Malco, lo corriges amorosamente, y quieres reparar con esto las obras buenas que no son hechas con santa prudencia y que, por excesivo celo, caen en la culpa.

Pacientísimo Jesús mío, estas cuerdas y cadenas parecen añadir algo de más hermoso a tu Divina Persona: Tu frente se hace más majestuosa, de manera que atrae la atención de tus mismos enemigos; tus ojos resplandecen con más luz; tu rostro divino manifiesta una suprema paz y dulzura, capaz de enamorar a tus mismos verdugos; con tus tonos suaves y penetrantes, aunque son pocos, los haces temblar, tanto que si se atreven a ofenderte es porque Tú mismo así lo permites.

Oh Amor encadenado y atado, ¿es que vas a permitir que estando Tú atado por mí, haciendo así más ostentación de amor hacia mí, yo, que soy tu pequeña hija, esté sin cadenas? ¡No, no! Con tus manos santísimas, átame con tus mismas sogas y cadenas. Te ruego que mientras beso tu frente divina, ates todos mis pensamientos, mis ojos, mis oídos, mi lengua, mi corazón, mis afectos y todo mi ser, y que ates juntamente a todas las criaturas, para que sintiendo las dulzuras de tus amorosas cadenas, no se atrevan a ofenderte más.

Ah, dulce Bien mío, ya es la una de la madrugada y la mente comienza a adormilarse; voy a hacer lo posible por mantenerme despierta, pero si el sueño me sorprende, me quedo en ti para seguir lo que haces Tú; es más, Tú mismo lo harás por mí. En ti dejo mis pensamientos para defenderte de tus enemigos, mi respiración para hacerte compañía, mls latidos para que te digan siempre que te amo y para darte el amor que no te dan los demás, y las gotas de mi sangre para repararte y para restituirte los honores y la estima que te quitarán con los insultos, salivazos y bofetadas. Jesús mío, bendíceme, y hazme dormir en tu adorable Corazón, para que por tus latidos, acelerados por el amor o por el dolor, yo pueda ser despertada frecuentemente, y así nuestra compañía no quede nunca interrumpida. ¿Quedamos de acuerdo en esto, oh Jesús?

De la 1 a las 2 de la mañana
NOVENA HORA
Jesús, atado, es hecho caer en el torrente Cedrón

Amado Bien mío, mi pobre mente te sigue entre la vigilia y el sueño. ¿Cómo puedo abandonarme del todo al sueño, si veo que todos te dejan y huyen de ti? Los mismos Apóstoles, el ferviente Pedro, que hace poco dijo que quería dar su vida por ti, el discípulo predilecto que con tanto amor has hecho reposar sobre tu Corazón, ah, todos te abandonan y te dejan a merced de tus crueles enemigos.

Jesús mío, estás solo, y tus purísimos ojos miran a tu alrededor para ver si al menos uno de aquellos a quienes has hecho tanto bien, te sigue para testimoniarte su amor y para defenderte. Y al descubrir que ni uno solo te ha sido fiel, el Corazón se te oprime y rompes en amargo llanto, pues sientes aún más dolor por el abandono de tus más fieles amigos que por lo que te están haciendo tus mismos enemigos. Jesús mío, no llores, o bien, haz que yo llore contigo.

Y el amable Jesús parece que dice: "Ah, hija, lloremos juntos la suerte de tantas almas consagradas a mí, y que por pequeñas pruebas o por incidentes de la vida, no se ocupan de mí y me dejan solo; por tantas otras, tímidas y cobardes, que por falta de valor y de confianza me abandonan; por tantas que, no encontrando su gusto en las cosas santas, no se ocupan de mí; por tantos sacerdotes que predican, que celebran, que confiesan por amor al interés y por amor a la propia gloria, y que mientras parece que están a mi alrededor, sin embargo, siempre me dejan solo. ¡Ah, hija mía, qué duro es para mí este abandono! No sólo me lloran los ojos, sino que me sangra el Corazón. Ah, te ruego que repares mi acerbo dolor, prometiéndome que nunca me dejarás solo."

¡Si, oh mi Jesús, te lo prometo, ayudada por tu gracia y uniéndome a tu Voluntad Divina!

Pero mientras lloras por el abandono de los tuyos, oh Jesús, tus enemigos no evitan ningún ultraje que puedan hacerte. Oprimido y atado como estás, oh Bien mío, tanto que no puedes dar ni un paso por ti mismo, te pisotean, te arrastran por aquellos caminos llenos de piedras y de espinas; de manera que no hay movimiento en el que no te hagan tropezar en las piedras y herirte con las espinas. Ah, Jesús mío, veo que mientras te arrastran, vas dejando tras de ti tu sangre preciosa y los dorados cabellos que te arrancan de la cabeza.

Mi Vida y mi Todo, permíteme que los recoja, a fin de poder atar todos los pasos de las criaturas, que ni aun de noche dejan de herirte; al contrario, se aprovechan de la noche para ofenderte aún más: unos con sus encuentros, otros con placeres, otros con teatros y diversiones, otros llevando a cabo robos sacrílegos. Jesús mío, me uno a ti para reparar por todas estas ofensas.

Mas, oh Jesús mío, ya estamos en el torrente Cedrón, y los pérfidos judíos te empujan a él, y al empujarte hacen que te golpees en una piedra que hay ahí, y tan fuertemente que derramas de tu boca tu preciosísima sangre, con la cual dejas marcada aquella piedra. Después, tirando de ti, te arrastran bajo aquellas aguas podridas, que te entran en los oídos, en la nariz y en la boca. Oh Amor incomparable, quedas todo bañado y como cubierto por un manto por aquellas aguas podridas, nauseabundas y frías. Y en ese estado representas a lo vivo el estado lamentable de las criaturas cuando cometen el pecado. ¡Oh, cómo quedan cubiertas, por dentro y por fuera, por un manto de tal inmundicia, que da asco al Cielo y a cualquiera que pudiese verlas, de modo que atraen sobre ellas los rayos de la divina justicia!

Oh Vida de mi vida, ¿puede haber amor más grande? Para despojarnos de este manto de inmundicia permites que tus enemigos te hagan caer en ese torrente, y sufres todo para reparar por los sacrilegios y las frialdades de las almas que te reciben sacrílegamente y que te obligan, peores que el torrente, a que entres a sus corazones y a que sientas toda la náusea de sus almas. Tú permites que esas aguas penetren hasta en tus entrañas, tanto que tus enemigos, temiendo que te ahogues y queriendo reservarte para mayores tormentos, te sacan de ahí, pero causas tanta repugnancia que ellos mismos sienten asco de tocarte.

Mi tierno Jesús, ya estás fuera del torrente, y mi corazón no resiste al verte tan empapado por estas repugnantes aguas. Veo que por el frío tiemblas de pies a cabeza y miras a tu alrededor buscando con los ojos, lo que no haces con la voz, uno al menos que te seque, que te limpie y te caliente; pero es en vano: no hay nadie que se mueva a compasión por ti. Tus enemigos se burlan y se ríen de ti; los tuyos te han abandonado y la dulce Mamá está lejos, porque así lo dispone el Padre.

Pero aquí me tienes, Jesús; ven a mis brazos. Quiero llorar hasta formarte un baño para lavarte y limpiarte, y arreglarte con mis manos tus enmarañados cabellos. Amor mío, quiero encerrarte en mi corazón para calentarte con el calor de mis afectos; quiero perfumarte con mis deseos insistentes; quiero reparar todas estas ofensas y empeñar mi vida, junto con la tuya, para salvar a todas las almas, y quiero ofrecerte mi corazón como lugar de reposo, para poder reanimarte de alguna manera, por las penas que has sufrido hasta aquí. Después continuaremos de nuevo el camino de tu pasión.

De las 2 a las 3 de la mañana
DÉCIMA HORA
Jesús es presentado a Anás

Jesús sea siempre conmigo. Dulce Mamá, sigamos juntas a Jesús. Jesús mío, Centinela divino, Tú, que velas mi corazón y que no quieres estar solo, sin mí, me despiertas y haces que me encuentre contigo en casa de Anás.

Ya te encuentras en ese momento en que Anás te interroga sobre tu doctrina y sobre tus discípulos, y Tú, oh Jesús, para defender la gloria del Padre, abres tu santísima boca y, con voz sonora y llena de dignidad, respondes: "Yo he hablado en público, y todos los que están aquí me han escuchado". A estas dignas palabras tuyas, todos tiemblan; pero es tanta la perfidia, que un siervo, queriendo honrar a Anás, se acerca a ti y, con un guante de hierro, te da una bofetada tan fuerte, que te hace tambalear mientras tu rostro santísimo se pone lívido.

Ahora comprendo, dulce Vida mía, por qué me has despertado. Tenías razón: ¿Quién iba a sostenerte en este momento en que estás por caer? Tus enemigos rompen en risotadas satánicas, en fuertes silbidos y en palmadas, aplaudiendo un acto tan injusto, mientras que Tú, tambaleándote, no tienes en quién apoyarte. Jesús mío, te abrazo; más aún, quiero hacerte un muro con mi ser; te ofrezco mi mejilla animosa y dispuesta a soportar cualquier pena por amor a Ti. Te compadezco por este ultraje y, unida a ti, te reparo por las timideces de tantas almas que fácilmente se desaniman, por aquellos que por temor no dicen la verdad, por las faltas de respeto debido a los sacerdotes y por todas las murmuraciones.

Pero veo, afligido Jesús mío, que Anás te envía a Caifás. Tus enemigos te precipitan por la escalinata, y tú, Amor mío, en esta dolorosa caída, reparas por aquellos que de noche caen en la culpa, aprovechando la oscuridad, y llamas a los herejes y a los infieles a la luz de la fe. También yo quiero seguirte en esas reparaciones, y mientras llegas ante Caifás, te envío mis suspiros para defenderte de tus enemigos. Y tú, sigue haciéndome de centinela mientras duermo y despiértame cuando haya necesidad. Por eso, dame un beso y bendíceme, y yo beso tu Corazón y en él continúo mi sueño.

UNDÉCIMA HORA

Jesús en casa de Caifás

Afligido y abandonado Bien mío, mientras mi débil naturaleza duerme en tu dolorido Corazón, mi sueño es muy a menudo interrumpido por los sobresaltos de amor y de dolor de tu Corazón divino, y entre la vigilia y el sueño siento los golpes que te dan, y me despierto y digo: ¡Pobre Jesús mío, abandonado por todos, sin nadie que te defienda! Pero desde dentro de tu Corazón yo te ofrezco mi vida para servirte de apoyo en el momento en que te hacen tropezar, y me adormezco de nuevo. Pero otra sacudida de amor de tu Corazón divino me despierta, y me siento ensordecida por los insultos que te hacen, por las voces, por los gritos, por el correr de la gente. Amor mío, ¿cómo es que están todos contra ti? ¿Qué has hecho que, como muchos lobos enfurecidos, te quieren despedazar? Siento que la sangre se me hiela al oír los preparativos de tus enemigos; tiemblo y estoy triste pensando qué podré hacer para defenderte.

Pero mi afligido Jesús, teniéndome en su Corazón, me estrecha más fuerte y me dice: "Hija mía, no he hecho nada de mal. Oh, el delito del amor contiene todos los sacrificios, el amor es de un costo inconmensurable. Aún estamos al principio; mantente en mi Corazón, observa todo, ámame, calla y aprende. Haz que tu sangre helada corra en mis venas para dar descanso a mi sangre, que es toda llamas. Haz correr tu temblor en mis miembros para que, fundido en mí, puedas estar firme y calentarte para que sientas parte de mis penas y, al mismo tiempo, adquieras fuerza al verme sufrir tanto. Ésta será la más hermosa defensa que me hagas; sé fiel y atenta."

Dulce Amor mío, el alboroto de tus enemigos es tan grande que no me permite dormir más; los golpes se hacen cada vez más violentos. Oigo el ruido de las cadenas con las que te han atado tan fuertemente que te hacen derramar sangre viva por las muñecas, y con ella Tú marcas aquellas calles. Recuerda que mi sangre está en la tuya y al derramarla, mi sangre te la besa, la adora y la repara. Que tu sangre sea luz para todos aquellos que te ofenden durante la noche, y un imán que atraiga a todos los corazones en torno a ti.

Amor mío y mi Todo, mientras te arrastran, el aire ensordece por los gritos y los silbidos. Ya llegas ante Caifás y te muestras todo mansedumbre, modestia y humildad. Tu dulzura y tu paciencia es tanta como para aterrorizar a tus mismos enemigos, y Caifás, todo una furia, quisiera devorarte. ¡Ah, que bien se distingue a la inocencia y al pecado!

Amor mío, Tú estás ante Caifás como el más culpable, como quien va a ser condenado. Ya Caifás pregunta a los testigos cuáles son tus delitos. ¡Ah, mejor hubiera hecho preguntando cuál es tu amor! Y hay quien te acusa de una cosa y quien, de otra, diciendo necedades y contradiciéndose entre ellos; y mientras ellos te acusan, los soldados que están junto a ti te tiran de los cabellos, descargan sobre tu rostro santísimo horribles bofetadas que resuenan en toda la sala, te tuercen los labios y te golpean, y Tú callas, sufres y, si los miras, la luz de tus ojos desciende a sus corazones, y ellos, no pudiendo sostener tu mirada, se alejan de ti, pero otros intervienen para hacerte más escarnio.

Pero, entre tantas acusaciones y ultrajes, veo que aguzas el oído y que el Corazón te late fuertemente, como si fuese a estallar por el dolor. Dime, afligido Bien mío, ¿qué sucede ahora? Porque veo que todo eso que te están haciendo tus enemigos, siendo tan grande tu amor, con ansia lo esperas y lo ofreces por nuestra salvación. Y tu Corazón repara, con toda calma, las calumnias, los odios, los falsos testimonios y el mal que se hace a los inocentes premeditadamente, y reparas por aquellos que te ofenden por instigación de sus jefes, y por las ofensas de los eclesiásticos. Y mientras, en unión contigo, sigo tus mismas reparaciones, siento en ti un cambio, un nuevo dolor no sentido nunca hasta ahora. Dime, dime, ¿qué pasa? Hazme partícipe de todo, oh Jesús.

"Ah, hija, ¿quieres saberlo? Oigo la voz de Pedro, que dice no conocerme; luego, ha jurado, y luego, ha perjurado por tercera vez que no me conoce. ¡Oh Pedro! ¿Cómo? ¿No me conoces? ¿No recuerdas de cuántos bienes te he colmado? ¡Oh, si los demás me hacen morir de penas, tú me haces morir de dolor! ¡Oh, cuánto mal has hecho al seguirme desde lejos, exponiéndote después a las ocasiones!"

Negado Bien mío, cómo se conocen inmediatamente las ofensas de los tuyos más queridos. Oh Jesús, quiero hacer correr mi latido en el tuyo para mitigar el dolor atroz que sufres, y mi palpitar en el tuyo te jura fidelidad y amor, y repite y jura, mil y mil veces, que te conozco. Pero tu Corazón no se calma todavía y tratas de mirar a Pedro. A tus miradas amorosas, llenas de lágrimas por su negación, Pedro se enternece, llora y se aleja, y Tú, habiéndolo puesto a salvo, te calmas y reparas las ofensas de los Papas y de los jefes de la Iglesia, especialmente de aquellos que se exponen a las ocasiones.

Pero tus enemigos continúan acusándote, y viendo Caifás que nada respondes a sus acusaciones, te dice: "Te conjuro por el Dios Viviente: Dime, ¿eres Tú, verdaderamente, el Hijo de Dios?"

Y Tú, Amor mío, teniendo siempre en tus labios palabras de verdad, con una actitud de majestad suprema y, con una voz sonora y suave, ante lo cual quedan todos asombrados y los mismos demonios se hunden en el abismo, respondes: "Tú lo has dicho: ¡Sí, Yo soy el verdadero Hijo de Dios! Y un día descenderé sobre las nubes del Cielo para juzgar a todas las naciones."

Ante tus palabras creadoras, todos guardan silencio y se estremecen y asustan. Pero Caifás, después de algunos instantes de espanto, recuperándose y, todo furioso, más que una bestia feroz, dice a todos: "¿Qué necesidad tenemos ya de testigos? ¡Ha dicho una inmensa blasfemia! ¿Qué esperamos para condenarlo? ¡Ya es reo de muerte!" Y para dar mayor fuerza a sus palabras, se rasga las vestiduras, con tanta rabia y furor, que todos, como si fuesen uno solo, se lanzan contra ti, Bien mío; y hay quien te da puñetazos en la cabeza, quien te tira por los cabellos, quien te da bofetadas; unos te escupen en la cara, otros te pisotean con los pies. Los tormentos que te dan son tales y tantos que la tierra tiembla y los Cielos quedan sacudidos.

Amor mío y Vida mía, al ver que tanto te atormentan, mi pobre corazón queda lacerado por el dolor. Ah, permíteme que salga de tu dolorido Corazón, y que yo, en tu lugar, afronte todos estos ultrajes. Ah, si me fuese posible, quisiera hacerte huir de entre las manos de tus enemigos, pero Tú no quieres, porque esto lo exige la salvación de todos. Y yo me veo obligada a resignarme.

Pero, dulce Amor mío, déjame que te arregle, que te acomode los cabellos, que te quite los salivazos, que te seque la sangre y que me encierre en tu Corazón, pues veo que Caifás, cansado, quiere retirarse, entregándote en manos de los soldados. Por tanto, te bendigo, y Tú, bendíceme, y dándonos el beso del amor, me encierro en el horno de tu Corazón divino para conciliar el sueño. Y poniendo mi boca sobre tu Corazón, al respirar te besaré y, según la diversidad de tus latidos, más o menos sufrientes, podré advertir si sufres o descansas. Y así, dándote alas con mis brazos para tenerte defendido, te abrazo y me estrecho fuertemente a tu Corazón, y me duermo.

De las 4 a las 5 de la mañana
DUODÉCIMA HORA
Jesús en medio de los soldados

Vida mía dulcísima, Jesús, mientras dormía, estrechada a tu Corazón, sentía muy a menudo las punzadas de las espinas que herían tu Santísimo Corazón; y queriéndome despierta junto contigo, para tener al menos una que conoce todas tus penas y que te compadece, me estrecho aún más fuerte a tu Corazón y, sintiendo aún más vivas las punzadas, me despierto. Pero, ¿qué veo? ¿Qué siento? Quisiera esconderte dentro de mi corazón para ponerme yo en tu lugar y recibir sobre mí, tan dolorosas penas y tan increíbles insultos y humillaciones. Sólo tu amor podría soportar tantos ultrajes. Pacientísimo Jesús mío, ¿qué podías esperar de gente tan inhumana?

Ya veo que se divierten contigo y te cubren el rostro con densos salivazos. La luz de tus hermosos ojos queda eclipsada por los salivazos, y Tú, derramando ríos de lágrimas por nuestra salvación, con ellos retiras de tus ojos esos salivazos. Pero tus enemigos, no soportando su corazón ver la luz de tus ojos, vuelven a cubrirlos de nuevo con salivazos. Otros, haciéndose más atrevidos en el mal, te abren tu dulcísima boca y te la llenan de hediondos salivazos, de lo que hasta ellos mismos sienten asco; y como esos salivazos caen en parte, y en parte muestran la majestad de tu rostro y tu sobrehumana dulzura, ellos se estremecen y se avergüenzan de ellos mismos. Y para sentirse más libres, te vendan los ojos con un trapo vilísimo, de manera de poder así desenfrenarse del todo contra tu adorable persona; así que te golpean sin piedad, te arrastran, te pisotean bajo sus pies y repiten los puñetazos y las bofetadas sobre tu rostro, y en tu cabeza, rasguñándote, tiran de tus cabellos y te empujan de un lado para otro.

Jesús, Amor mío, mi corazón no resiste viéndote en tantas penas. Tú quieres que ponga atención a todo, pero yo siento que quisiera cubrirme los ojos para no ver escenas tan dolorosas, que arrancan de cada pecho los corazones; pero tu amor me obliga a ver lo que sucede contigo. Y veo que no respiras, que no dices ni una palabra para defenderte, que estás en manos de estos soldados como un harapo al que pueden hacer lo que quieren; y al verlos saltar sobre ti, temo que mueras bajo sus pies.

Bien mío y Todo mío, es tan inmenso el dolor que siento por tus penas, que quisiera gritar tan fuerte que me hiciera oír allá arriba en el Cielo, para llamar al Padre, al Espíritu Santo y a todos los ángeles, y aquí, en la tierra, de un extremo a otro, para llamar a la dulce Mamá y a todas las almas que te aman, a fin de que haciendo un cerco en torno a ti, impidamos que se acerquen esos insolentes soldados para insultarte y atormentarte. Y juntamente contigo reparamos toda clase de pecados nocturnos, sobre todo los que cometen los sectarios sobre tu Sacramental Persona en las horas de la noche, y todas las ofensas de las almas que no se mantienen fieles en la noche de la prueba.

Pero veo, oh insultado Bien mío, que los soldados, cansados y ebrios, quieren descansar; y mi pobre corazón, oprimido y lacerado por tantas penas tuyas, no quiere quedarse solo contigo, siente la necesidad de otra compañía. Ah dulce Madre mía, sé Tú mi inseparable compañía; me estrecho fuertemente a tu mano materna y te la beso. Tú, fortifícame con tu bendición. Y Jesús, abrazándonos juntas, nos hace apoyar nuestra cabeza sobre su dolorido Corazón para consolarlo.

Oh Jesús, junto con nuestra Mamá, te beso. Bendícenos. Y junto con Ella tomaremos el sueño del amor, sobre tu adorable Corazón.

De las 5 a las 6 de la mañana
DECIMATERCERA HORA
Jesús en la prisión

Prisionero Jesús mío, me despierto y no te encuentro; el corazón me late fuerte y delira de amor. Dime, ¿dónde estás? Ángel mío, llévame a casa de Caifás. Giro y vuelvo a girar, indago por todas partes, y no te encuentro. Pronto, Amor mío, mueve con tus manos las cadenas con que tienes atado mi corazón al tuyo y atráeme a ti para que, atraída por ti, pueda emprender el vuelo para ir a arrojarme en tus brazos. Amor mío, herido por mi voz y queriendo mi compañía, Tú me atraes a ti, y veo que te han puesto en la cárcel. Y mi corazón, mientras exulta de gozo por encontrarte, lo siento herido de dolor al ver a qué estado te han reducido.

Te veo con las manos atrás, atadas a una columna; con los pies, inmovilizados y atados; con tu santísimo rostro, golpeado, hinchado y ensangrentado por las muchas bofetadas recibidas. Tus ojos santísimos están lívidos, con la mirada cansada y apagada por la vigilia; tus cabellos, todos en desorden; tu Santísima Persona, toda golpeada, y hay que agregar que no puedes valerte por ti solo para ayudarte y limpiarte, porque estás atado. Y yo, oh Jesús mío, llorando y abrazándome a tus pies, exclamo: ¡Ay, cómo te han dejado, oh Jesús, oh Jesús!

Y Jesús, mirándome, me responde: "Ven, oh hija, y pon atención a todo lo que me ves hacer, para que tú lo hagas conmigo y así yo pueda continuar mi vida en ti."

Y he aquí, que veo con asombro que en vez de ocuparte de tus penas, con un amor indecible piensas en glorificar al Padre, dándole satisfacción por todo lo que nosotros estamos obligados a hacer, y llamas en torno a ti a todas las almas para tomar sobre ti todos sus males y darles todos tus bienes. Y como ya hemos llegado al alba del día, oigo tu voz dulcísima, que dice: "Padre Santo, te doy las gracias por todo lo que he sufrido y por lo que me queda por sufrir. Y así como esta aurora llama al día, después de la cual surge el sol, así, la aurora de la gracia despunte en todos los corazones y, haciéndose día, Yo, Sol Divino, surja en todos los corazones y reine en todos. Mira, oh Padre, a estas almas; Yo quiero responderte por todas ellas, por sus pensamientos, por sus palabras, por sus obras, por sus pasos, etc., a costa de mi sangre y de mi muerte."

Jesús mío, Amor sin límites, me uno a ti y también yo te agradezco por cuanto me has hecho sufrir y por lo que me quede por sufrir, y te suplico que hagas surgir en todos los corazones la aurora de la gracia para que Tú, Sol Divino, puedas resurgir en todos los corazones y reinar en todos.

Pero veo que Tú, dulce Jesús mío, también reparas por todas las primicias de los pensamientos, de los afectos y de las palabras que desde el principio del día no son ofrecidos a ti y para darte honor; y que atraes a ti, como si fueran uno solo, los pensamientos, los afectos y las palabras de las criaturas, para dar al Padre la reparación y la gloria que ellas le deben.

Jesús mío, Maestro Divino, ya que disponemos en esta prisión de una hora libre y estamos solos, quiero hacer no sólo lo que haces Tú, sino limpiarte, arreglarte los cabellos y fundirme toda en ti. Por tanto, me acerco a tu santísima cabeza y, componiéndote los cabellos quiero repararte por tantas mentes ofuscadas y llenas de tierra, que no tienen ni siquiera un pensamiento para ti, y fundiéndome en tu mente, quiero reunir en ti todos los pensamientos de las criaturas y fundirlos en tus pensamientos, para hallar suficiente reparación por todos los malos pensamientos y por tantas luces e inspiraciones sofocadas. Quiero hacer de todos los pensamientos uno solo con los tuyos, para darte verdadera reparación y perfecta gloria.

Afligido Jesús mío, beso tus ojos tristes y cargados de lágrimas. Y como tienes las manos atadas a la columna, no puedes secártelos ni limpiarte los salivazos con que te han ensuciado, y como la postura en que te han atado es dolorosa, no puedes cerrar los ojos cansados para reposar un poco. Amor mío, con cuánto gusto quisiera formarte un lecho con mis brazos para darte reposo, y quiero enjugarte los ojos y suplicarte perdón, dándote reparación por todas las veces que no hemos tenido la intención de agradarte y de mirarte para ver qué querías de nosotros, qué debíamos de hacer y adónde querías que fuésemos; y en tus ojos quiero fundir los míos y los de todas las criaturas, para poder reparar con tus mismos ojos todo el mal que hemos hecho con la vista.

Piadoso Jesús mío, beso tus oídos santísimos, cansados por los insultos de toda la noche, y mucho más todavía, por el eco que resuena en tus oídos por todas las ofensas de las criaturas. Te pido perdón y te reparo por todas las veces que nos has llamado y hemos sido sordos, fingiendo no escucharte, y Tú, cansado Bien mío, has repetido tu llamada, pero en vano. Quiero fundir en tus oídos los míos y los de todas las criaturas para darte una continua y completa reparación.

Enamorado Jesús, beso tu rostro santísimo, todo lívido e hinchado por los golpes. Te pido perdón y te reparo por cuantas veces nos has llamado a ser víctimas de reparación, y nosotros, uniéndonos a tus enemigos, te hemos dado bofetadas y salivazos. Jesús mío, quiero fundir mi rostro en el tuyo para restituirte tu hermosura natural y darte entera reparación por todos los desprecios hechos a tu santísima majestad.

Amargado Bien mío, beso tu dulcísima boca, adolorida por los golpes y abrasada por el amor. Quiero fundir mi lengua en la tuya y la de todas las criaturas para reparar con tu misma lengua por todos los pecados y las conversaciones malas que se tienen. Quiero, sediento

Jesús mío, unir todas las voces con la tuya para hacer que cuando las criaturas estén a punto de ofenderte, tu voz, corriendo en sus voces, sofoque las voces de pecado y las cambie en voces de alabanza y de amor.

Encadenado Jesús, beso tu cuello, oprimido por esas pesadas cadenas y cuerdas que, yéndote desde el pecho hasta detrás de los hombros y sujetándote los brazos, te tienen fuertemente atado a la columna. Tus manos ya están hinchadas y amoratadas por la estrechez de las ataduras, tanto que de muchas partes brota sangre. Ah, Jesús encadenado, permíteme que te desate; y si gustas ser atado, te ato con las cadenas del amor que, siendo dulces, en vez de hacerte sufrir te aliviarán. Y mientras te desato, quiero fundirme en tu cuello, en tu pecho, en tus hombros, en tus manos y en tus pies para poder reparar contigo por todos los apegos y dar así a todos, las cadenas de tu amor; quiero reparar por todas las frialdades y llenar los pechos de todas las criaturas con tu fuego, porque veo que es tanto el que Tú tienes, que no puedes contenerlo; quiero reparar por todos los placeres ilícitos y el amor a las comodidades, y dar a todos el espíritu de sacrificio y el amor al sufrimiento. Quiero fundirme en tus manos para reparar por todas las obras malas y por el bien hecho malamente y con presunción, y dar a todos el perfume de tus obras. Y fundiéndome en tus pies, encierro todos los pasos de las criaturas para repararte y dar tus pasos a todos para hacerlos caminar santamente.

Y ahora, dulce Vida mía, permíteme que, fundiéndome en tu Corazón, encierre todos los afectos, los latidos y los deseos para repararlos junto contigo y dar, a todos, tus afectos, tus latidos y tus deseos, para que ninguno vuelva a ofenderte.

Pero ya oigo que resuena el chirrido de la llave; son tus enemigos que vienen a excarcelarte. ¡Jesús, yo tiemblo! ¡Me siento horrorizada, porque Tú estarás de nuevo en manos de tus enemigos! ¿Qué va a ser de ti?

Pero me parece oír también el ruido de las llaves de los tabernáculos. ¿Cuántas manos profanadoras vienen a abrirlos y, quizás, hacerte descender a corazones sacrílegos? ¿En cuántas manos indignas te ves forzado a encontrarte? Prisionero Jesús mío, quiero encontrarme en todas tus cárceles de amor para ser espectadora cuando tus Ministros te sacan, y hacerte compañía y repararte por las ofensas que puedas recibir.

Veo que tus enemigos están cerca, y Tú saludas al naciente sol, al último de tus días, y ellos, desatándote y viéndote todo majestad y que los miras con tanto amor, en pago descargan sobre tu rostro bofetadas tan fuertes que lo hacen enrojecer con tu preciosísima sangre.

Amor mío, antes de que salgas de la prisión, en mi dolor te ruego que me bendigas para tener la fuerza de seguirte en todo lo que falta de tu pasión.

De las 6 a las 7 de la mañana
DECIMACUARTA HORA
Jesús de nuevo ante Caifás, quien confirma la sentencia de muerte y lo envía a Pilatos

Dolorido Jesús mío, ya estás fuera de la prisión, pero estás tan agotado que vacilas a cada paso. Y yo quiero ponerme a tu lado para sostenerte cuando vea que estés a punto de caer. Pero veo que los soldados te presentan ante Caifás, y Tú, oh Jesús mío, como sol reapareces en medio de ellos, y aunque estás desfigurado, envías luz por todas partes. Veo que Caifás se estremece de gusto al verte tan malamente reducido y, a los reflejos de tu luz, se ciega todavía más, y en su furor te pregunta de nuevo: "¿Así que tú eres verdaderamente el verdadero Hijo de Dios?" Y Tú, amor mío, con una majestad suprema, con una voz llena de gracia y con tu habitual acento tan dulce y conmovedor que rapta los corazones, respondes: "Si, Yo soy el verdadero Hijo de Dios". Y ellos, a pesar de que sienten en ellos mismos toda la fuerza de tu palabra, sofocando todo y sin querer saber más, con voces unánimes gritan: "¡Es reo de muerte, es reo de muerte!"

Caifás confirma la sentencia de muerte y te envía a Pilatos. Y Tú, Jesús mío, aceptas esta sentencia con tanto amor y resignación, que casi se la arrebatas al inicuo Pontífice, y reparas por todos los pecados hechos deliberadamente y con toda malicia, y por todos aquéllos que, en vez de afligirse por el mal, se alegran y exultan por el mismo pecado, y esto los lleva a la ceguera y a sofocar cualquier luz y gracia en ellos.

Vida mía, tus reparaciones y plegarias hacen eco en mi Corazón, y reparo y suplico en unión contigo. Dulce amor mío, veo que los soldados, habiendo perdido la poca estima que les quedaba de ti, viéndote sentenciado a muerte, añaden cuerdas y cadenas, y te oprimen tan fuertemente que casi impiden el movimiento a tu Divina Persona, y empujándote y arrastrándote, te sacan del palacio de Caifás. Turbas de populacho te esperan, pero nadie para defenderte; y Tú, divino Sol mío, sales en medio de ellos, queriendo envolverlos a todos con tu luz. Al dar los primeros pasos, queriendo encerrar en los tuyos todos los pasos de las criaturas, suplicas y reparas por quienes dan sus pasos para obrar con fines malos: unos para vengarse, otros para matar, otros para traicionar, otros para robar, y para tantas otras cosas. Oh, ¡cómo hieren tu Corazón todas estas culpas! Y para impedir tanto mal, oras, reparas y te ofreces a ti mismo por entero.

Pero mientras te sigo, veo que Tú, Sol mío Jesús, apenas comienzas a bajar del palacio de Caifás, te encuentras con la bella Luna María, nuestra dulce Mamá. Y vuestras recíprocas miradas se encuentran, se hieren, y aunque quedáis confortados al veros, sin embargo, nacen nuevos dolores: Tú, al ver a la bella Luna traspasada, pálida y enlutada, y la querida Mamá, al verte a ti, Sol divino, eclipsado, cubierto con tantos oprobios, lloroso y con un manto de sangre. Pero no podéis disfrutar mucho el intercambio de miradas. Con el dolor de no poder deciros ni siquiera una palabra, vuestros corazones se dicen todo y, fundidos el uno en el otro, dejan de mirarse porque los soldados te empujan; y así, pisoteado y arrastrado, te hacen llegar a Pilatos.

Jesús mío, me uno a mi traspasada Mamá, que te sigue, para fundirme junto con Ella en ti; y Tú, dándome una mirada de amor, bendíceme.

DECIMAQUINTA HORA
Jesús ante Pilatos. Pilatos lo envía a Herodes

Encadenado Bien mío, tus enemigos, unidos a los sacerdotes, te presentan ante Pilatos, y ellos, con aparente santidad y escrupulosidad, y teniendo que festejar la Pascua, permanecen fuera del Pretorio. Y Tú, Amor mío, viendo el fondo de su malicia, reparas por todas las hipocresías del cuerpo religioso. Y yo también reparo contigo. Pero mientras Tú te ocupas del bien de ellos, ellos, por el contrario, empiezan a acusarte ante Pilatos, vomitando todo el veneno que tienen contra ti. Pero Pilatos, mostrándose insatisfecho ante las acusaciones que te hacen, y para poder condenarte con motivo, te llama aparte y a solas te examina y te pregunta: "¿Eres Tú el Rey de los judíos?" Y Tú, Jesús, verdadero rey mío, le respondes: "Mi reino no es de este mundo; de lo contrario, miles de legiones de ángeles me defenderían". Y Pilatos, conmovido por la suavidad y la dignidad de tus palabras, sorprendido, te dice: "¿Cómo, Tú eres Rey?" Y Tú: "Yo lo soy, como tú dices, y para esto he venido al mundo: a enseñar la verdad". Y él, sin querer saber más y convencido de tu inocencia, sale a la terraza y dice: "Yo no encuentro culpa alguna en este Hombre."

Los judíos, enfurecidos, te acusan de tantas otras cosas, y Tú callas y no te defiendes, y reparas por las debilidades de los jueces cuando se encuentran frente a los prepotentes, por sus injusticias, y rezas por los inocentes oprimidos y abandonados.

Entonces Pilatos, viendo el furor de tus enemigos, y para desentenderse, te envía a Herodes.

Rey mío divino, quiero repetir tus plegarias, tus reparaciones y quiero acompañarte hasta Herodes. Veo que tus enemigos, enfurecidos, quisieran devorarte y te llevan entre insultos, escarnios y befas, haciéndote así llegar ante Herodes, el cual, envaneciéndose, te hace varias preguntas, pero Tú no le respondes; ni siquiera lo miras. Y él, irritado, al no verse satisfecho en su curiosidad y sintiéndose humillado por tu prolongado silencio, declara a todos que Tú eres un loco, un demente, y ordena que como a tal seas tratado; y para burlarse de ti, hace que seas vestido con una vestidura blanca y te entrega en manos de los soldados para que te hagan lo peor que puedan.

Inocente Jesús mío, nadie encuentra culpa en ti, sino sólo los judíos, pues por su fingida religiosidad, no merecen que resplandezca en sus mentes la luz de la verdad.

Jesús mío, Sabiduría Infinita, ¡cuánto te cuesta ser declarado loco! Los soldados, abusando de ti, te arrojan al suelo, te pisotean, te cubren de salivazos, te escarnecen, te apalean con bastones, y tú recibes tantos golpes que te sientes morir. Son tantas y tales las penas, los oprobios y las humillaciones que te hacen, que los ángeles lloran y con sus alas se cubren el rostro para no verlas.

Y yo también, mi loco Jesús, quiero llamarte loco, pero loco de amor. Y es tan grande tu locura de amor, que, en lugar de enojarte, rezas y reparas por las ambiciones de los reyes que ambicionan reinos para ruina de los pueblos; por tantas destrucciones que provocan, por tanta sangre que hacen derramar por sus caprichos, por todos los pecados de curiosidad y por las culpas que se cometen en los juzgados y en la milicia.

¡Oh Jesús mío, qué conmovedor es verte en medio de tantos ultrajes, orando y reparando! Tus palabras resuenan en mi corazón y sigo lo que Tú haces.

Ahora, déjame que me ponga a tu lado y que tome parte en tus penas y te consuele con mi amor. Y alejando de ti a tus enemigos, te tomo entre mis brazos para confortarte y besarte la frente.

Dulce Amor mío, veo que no te dan paz y que Herodes te envía a Pilatos. Si la venida ha sido dolorosa, más trágico será el regreso, pues veo que los judíos están más enfurecidos que antes y están resueltos a hacerte morir a cualquier precio. Por eso, antes de que salgas del Palacio de Herodes, quiero besarte para testimoniarte mi amor, en medio de tantas penas. Tú, fortifícame con tu beso y con tu bendición, y yo te seguiré delante de Pilatos.

De las 8 a las 9 de la mañana
DECIMASEXTA HORA
Jesús vuelve ante Pilatos y es pospuesto a Barrabás

Atormentado Jesús mío, mi pobre corazón te sigue entre angustias y penas, y viéndote vestido de loco y sabiendo quién eres Tú, Sabiduría Infinita, que das a todos el juicio, me siento enloquecer y exclamo: ¿Cómo? ¿Jesús, loco? ¿Jesús, malhechor? ¡Y ahora vas a ser pospuesto al más grande malhechor, a Barrabás!

Jesús mío, Santidad que no tiene igual, ya estás otra vez ante Pilatos, y éste, al verte tan malamente reducido y vestido de loco, y sabiendo que tampoco Herodes te ha condenado, se indigna aún más contra los judíos y más se convence de tu inocencia y de no condenarte; pero, a pesar de ello, queriendo contentar en algo a los judíos, y como para aplacar el odio, el furor, la rabia y la sed ardiente que tienen de tu sangre, te propone a ellos junto con Barrabás. Pero los judíos gritan: "¡No queremos libre a Jesús, sino a Barrabás!" Entonces Pilatos, no sabiendo qué hacer para calmarlos, te condena a la flagelación.

Mi pospuesto Jesús, se me parte el corazón al ver que mientras los judíos se ocupan de ti para hacerte morir, Tú, concentrado en ti mismo, piensas en dar la vida a todos. Y aguzando mis oídos, te oigo decir:

"Padre Santo, mira a tu Hijo, vestido de loco. Esto te repare por la locura de tantas criaturas caídas en el pecado. Esta vestidura blanca sea, ante ti, la disculpa por tantas almas que se visten con la lúgubre vestidura de la culpa. ¿Ves, oh Padre, el odio, el furor, la rabia que tienen contra mí, que casi les hace perder la luz de la razón? ¿Ves la sed que tienen de mi sangre? Yo quiero repararte por todos los odios, las venganzas, las iras, los homicidios, e impetrar para todos la luz de la razón. Mírame de nuevo, Padre mío, ¿puede haber un insulto mayor? Me han pospuesto al más grande malhechor. Y yo quiero repararte por todas las posposiciones que se hacen. ¡Ah, todo el mundo está lleno de posposiciones! Uno nos pospone a un vil interés; otro, a los honores; otro, a las vanidades; otro, a los placeres, a los apegos, a las dignidades, a comilonas y embriagueces y hasta al mismo pecado; y por unanimidad, todas las criaturas nos posponen incluso hasta en la más pequeña cosa. Y Yo estoy dispuesto a aceptar ser pospuesto a Barrabás para reparar por las posposiciones que nos hacen las criaturas."

Jesús mío, me siento morir de dolor y de confusión al ver tu gran amor, en medio de tantas penas, al ver el heroísmo de tus virtudes, en medio de tantas penas e insultos. Tus palabras y tus reparaciones se reflejan en mi pobre corazón como otras tantas heridas, y en mi congoja repito tus oraciones y tus reparaciones. Ni siquiera un instante puedo separarme de ti; de lo contrario, se me escaparían muchas cosas de todo lo que haces Tú.

Pero ahora, ¿qué veo? Los soldados te llevan a una columna para flagelarte. Amor mío, yo te sigo. Mírame Tú, con tu mirada de amor, y dame la fuerza para asistir a tu dolorosa flagelación.

Jesús es flagelado.

Purísimo Jesús mío, ya estás junto a la columna. Los soldados, enfurecidos, te sueltan para atarte a ella, pero no les basta; te despojan de tus vestiduras para hacer cruel carnicería de tu santísimo cuerpo. Amor mío y Vida mía, me siento desfallecer de dolor, viéndote desnudo. Te estremeces de pies a cabeza, y tu santísimo rostro se tiñe de virginal rubor. Y es tan grande tu confusión y tu agotamiento que, no sosteniéndote en pie, estás a punto de caer a los pies de la columna. Pero los soldados, sosteniéndote, no por ayudarte sino para poder atarte, no te dejan caer. Ya toman las sogas y te atan los brazos, pero con tanta fuerza, que enseguida se hinchan y de la punta de tus dedos brota sangre. Después, te atan al anillo de la columna y hacen pasar las sogas y las cadenas alrededor de la columna y de tu Santísima Persona, hasta los pies; y las hacen correr tan apretadamente, que no te dejan ni siquiera hacer un movimiento para así poder desenfrenarse libremente sobre ti.

Despojado Jesús mío, permíteme que me desahogue, pues de lo contrario no podré continuar viéndote sufrir tanto. ¿Cómo? Tú, que vistes a todas las cosas creadas, al sol de luz, al cielo de estrellas, a las plantas de hojas y de flores, y a los pájaros de plumas, Tú, ¿desnudo? ¡Qué atrevimiento!

Pero mi amantísimo Jesús, con la luz que irradia de sus ojos, me dice: "Calla, oh hija. Era necesario que Yo fuese desnudado para reparar por tantos que se despojan de todo pudor, de candor y de inocencia; que se desnudan de todo bien y virtud y de mi gracia, y se visten de toda brutalidad, viviendo a la manera de las bestias. En mi virginal rubor reparo por tantas deshonestidades, molicies, y placeres bestiales. Por eso, sigue atenta a lo que hago, ora y repara conmigo, y cálmate."

Flagelado Jesús, tu amor pasa de exceso en exceso. Veo que los verdugos toman los flagelos y te azotan sin piedad, de manera que todo tu santísimo cuerpo queda lívido. Es tanta la ferocidad y el furor al golpearte, que ya están cansados; pero otros dos verdugos los relevan, toman látigos espinosos, y te azotan tanto, que enseguida comienzan a correr arroyos de sangre de tu santísimo cuerpo, lo azotan completamente, abriendo surcos, lo llagan... Pero no les basta; otros dos los sustituyen y, con flagelos con garfios, continúan la dolorosa carnicería. A los primeros golpes, esas carnes azotadas y llagadas se desgarran más y, a jirones, caen por tierra; los huesos quedan al descubierto y la sangre diluvia tanto que forma un lago en torno a la columna.

Jesús mío, despojado Amor mío, mientras tú estás bajo esta tempestad de golpes, me abrazo a tus pies para poder tomar parte en tus penas y quedar toda cubierta con tu preciosísima sangre. Y cada golpe que recibes es una nueva herida para mi corazón, y mucho más, pues aguzando mis oídos, escucho tus gemidos, que no se oyen bien porque la tempestad de golpes ensordece el ambiente, y en esos gemidos Tú dices: "Vosotros, todos los que me amáis, venid a aprender el heroísmo del verdadero amor; venid a aplacar en mi sangre la sed de vuestras pasiones, la sed de tantas ambiciones, de tantas vanidades y placeres, de tanta sensualidad. En esta sangre mía hallaréis el remedio para todos vuestros males."

Y tus gemidos continúan diciendo: "Mírame, oh Padre, todo llagado bajo esta tempestad de golpes, pero no me basta, pues quiero formar en mi cuerpo tantas llagas, que en el Cielo de mi Humanidad sean suficientes moradas para todas las almas, de modo que forme en mí mismo su salvación, y luego, hacerlas pasar al Cielo de la Divinidad. Padre mío, cada golpe de estos flagelos repare ante ti, una por una, cada especie de pecado, y al golpearme a mí, sean excusa para quienes los cometen. Que estos golpes golpeen los corazones de las criaturas y les hablen de mi amor, de manera que las fuercen a rendirse a mí."

Y mientras dices esto, es tan grande tu amor, que casi incita a los verdugos a que te azoten aún más.

Descarnado Jesús mío, tu amor me aplasta y siento que enloquezco. Tu amor no está cansado; en cambio, los verdugos están extenuados y no pueden proseguir la dolorosa carnicería. Te cortan las cuerdas, y Tú, casi muerto, caes en tu propia sangre. Y al ver los jirones de tus carnes, te sientes morir de dolor, pues ves en esas carnes arrancadas de ti, la parte de las almas reprobadas; y es tal tu dolor, que agonizas en tu propia sangre.

Jesús mío, déjame que te tome entre mis brazos para confortarte un poco con mi amor. Te beso y, con mi beso, encierro a todas las almas en ti; así ninguna más se perderá. Y Tú, bendíceme.

De las 9 a las 10 de la mañana
DECIMASÉPTIMA HORA
Jesús es coronado de espinas. "Ecce Homo". Jesús es condenado a muerte

Jesús mío, Amor infinito, más te miro y más comprendo cuánto sufres. Ya estás todo lacerado y no hay parte sana en ti. Los verdugos, enfurecidos al ver que Tú, en medio de tantas penas, los miras con tanto amor, y que tus miradas amorosas forman un dulce encanto, casi como si fueran muchas voces que ruegan y suplican más penas y nuevas penas, aunque ellos son inhumanos, sin embargo, forzados por tu amor, te ponen de pie, y Tú, no pudiendo sostenerte, de nuevo caes en tu sangre. Y ellos, irritados, con puntapiés y a empujones, te hacen llegar al lugar en que te coronarán de espinas.

Amor mío, si Tú no me sostienes con tu mirada de amor, yo no puedo continuar viéndote sufrir. Siento ya un escalofrío en los huesos y el corazón me late fuertemente. Me siento morir. ¡Jesús, Jesús, ayúdame!

Y mi amable Jesús me dice: "Ánimo, hija mía, no pierdas nada de lo que he sufrido. Sé atenta a mis enseñanzas. Yo debo rehacer al hombre en todo. El pecado le ha quitado la corona y lo ha coronado de oprobios y de confusión, de modo que no puede comparecer ante mi majestad. El pecado lo ha deshonrado, haciéndole perder todo derecho a los honores y a la gloria; por eso quiero ser coronado de espinas, para poner la corona sobre la frente del hombre y para devolverle todos los derechos a todo honor y gloria. Y mis espinas serán, ante mi Padre, reparaciones y voces de disculpa por tantos pecados de pensamiento, en especial de soberbia, y voces de luz para cada mente creada, suplicando que no me ofendan; por eso, tú, únete a mí y ora y repara conmigo."

Coronado Jesús mío, tus enemigos, ensañados, hacen que te sientes, te ponen un trapo de púrpura, toman la corona de espinas y, con furor infernal, te la ponen sobre tu adorable cabeza y, a golpes de garrote, te hacen penetrar las espinas en la frente, y parte de ellas te entran en los ojos, en las orejas, en el cráneo y hasta en la nuca. ¡Amor mío, qué dolor tan atroz! ¡Qué penas inenarrables! ¡Cuántas muertes crueles sufres! La sangre te corre sobre tu rostro, de manera que no se ve más que sangre, pero bajo esas espinas y esa sangre se descubre tu Rostro santísimo, radiante de dulzura, de paz y de amor. Y los verdugos, queriendo completar el tormento, te vendan los ojos, te ponen como cetro una caña en la mano y empiezan sus burlas. Te saludan como al Rey de los Judíos, te golpean la corona, te dan bofetadas, y te dicen: "¡Adivina quién te ha golpeado!" Y Tú callas, y respondes reparando las ambiciones de quienes aspiran a reinos, a las dignidades, a los honores, y por aquellos que, encontrándose en tales puestos y no comportándose bien, ocasionan la ruina de los pueblos y de las almas confiadas a ellos, y sus malos ejemplos son la causa de que las almas sean empujadas al mal y se pierdan. Con esa caña que tienes en la mano, reparas por tantas obras buenas pero vacías de espíritu interior, e incluso hechas con malas intenciones. En los insultos y con esa venda reparas por aquellos que ridiculizan las cosas más santas, desacreditándolas y profanándolas, y reparas por aquellos que se vendan la vista de la inteligencia para no ver la luz de la verdad. Con esa venda impetras para nosotros el que nos quitemos las vendas de las pasiones, del apego a las riquezas y a los placeres.

Jesús, Rey mío, tus enemigos continúan sus insultos. La sangre que chorrea de tu santísima cabeza es tanta que, llegando hasta tu boca, me impide oír claramente tu dulcísima voz, y por lo tanto, no puedo hacer lo que haces Tú. Por eso, vengo a tus brazos; quiero sostener tu cabeza traspasada y dolorida, y quiero poner mi cabeza bajo esas espinas para sentir sus punzadas. Pero mientras digo esto, mi Jesús me llama con su mirada de amor, y yo corro, me abrazo a su Corazón y trato de sostener su cabeza. ¡Oh, qué bello es estar con Jesús, aun en medio de mil tormentos! Y entonces Él me dice:

"Hija mía, estas espinas dicen que quiero ser constituído Rey de cada corazón. A mí me corresponde todo dominio. Tú, toma estas espinas y punza tu corazón y haz que salga de él todo lo que a mí no me pertenece, y luego, deja una espina clavada en tu corazón, en señal de que soy tu Rey y para impedir que ninguna otra cosa entre en ti. Después, corre por todos los corazones y, punzándolos, haz que salgan de ellos todos los humos de soberbia y la podredumbre que contienen, y constitúyeme Rey en todos."

Amor mío, el corazón se me oprime al dejarte. Por eso te ruego que cierres mis oídos con tus espinas para que sólo pueda oír tu voz, que cubras mis ojos con tus espinas para poder mirarte sólo a ti, que llenes mi boca con tus espinas para que mi lengua permanezca muda a todo lo que pudiera ofenderte y esté libre para alabarte y bendecirte en todo. Oh Rey mío, Jesús, rodéame de espinas a fin de que me custodien, me defiendan y me tengan toda atenta a ti.

Y ahora quiero enjugarte la sangre y besarte, pues veo que tus enemigos te llevan de nuevo ante Pilatos, y él te condenará a muerte. Amor mío, ayúdame a continuar tu doloroso camino y bendíceme.

Coronado Jesús mío, mi pobre corazón, herido por tu amor y traspasado por tus penas, no puede vivir sin ti, y por eso te busco, y te encuentro nuevamente ante Pilatos. ¡Pero qué impresionante espectáculo! ¡Los Cielos se horrorizan y el infierno tiembla de miedo y de rabia! Vida de mi corazón, mi vista no puede aguantar mirarte sin sentirme morir; pero la fuerza arrebatadora de tu amor me obliga a mirarte para comprender bien tus penas, y yo te contemplo entre lágrimas y suspiros. ¡Jesús mío, estás desnudo, y en vez de verte vestido con ropas, te veo vestido de sangre, las carnes rasgadas, los huesos al descubierto, tu santísimo rostro, irreconocible; las espinas clavadas en tu santísima cabeza te llegan a los ojos, al rostro, y yo no veo más que sangre, la cual, corriendo hasta el suelo, forma un sangriento riachuelo detrás de tus pies!

¡Jesús mío, ya no te reconozco! ¡Cómo has quedado! ¡Tu estado ha llegado a los excesos más profundos de las humillaciones y de los dolores! ¡Ah, no puedo aguantar esta vista tan dolorosa! Me siento morir y quisiera arrebatarte de la presencia de Pilatos para encerrarte en mi corazón y darte descanso; quisiera sanar tus llagas con mi amor, y con tu sangre quisiera inundar todo el mundo para encerrar en ella a todas las almas y llevarlas a ti como conquista de tus penas. Y Tú, oh paciente Jesús mío, a duras penas parece que me miras por entre las espinas y me dices:

"Hija mía, ven entre mis atados brazos, apoya tu cabeza sobre mi pecho, y sentirás dolores más intensos y acerbos, porque lo que ves por fuera de mi Humanidad no es sino lo que rebosa de mis penas interiores. Pon atención a los latidos de mi Corazón y sentirás que reparo las injusticias de los que mandan, las opresiones de los pobres, de los inocentes pospuestos a los culpables, la soberbia de quienes, con tal de conservar dignidades, cargos o riquezas, no dudan en transgredir toda ley y en hacer mal al prójimo, cerrando los ojos a la luz de la verdad. Con estas espinas quiero hacer pedazos el espíritu de soberbia de "sus señorías", y con los agujeros que hacen en mi cabeza, quiero abrirme camino en sus mentes para reordenar en ellas todas las cosas según la luz de la verdad. Con estar así humillado ante este injusto juez, quiero hacer comprender a todos que sólamente la virtud es la que constituye al hombre rey de sí mismo, y enseño a los que mandan que sólamente la virtud, unida al recto saber, es la única que es digna y capaz de gobernar y regir a los demás, mientras que todas las demás dignidades, sin la virtud, son cosas peligrosas y que hay más bien que lamentar. Hija mía, haz eco a mis reparaciones y sigue poniendo atención a mis penas."

Amor mío, veo que Pilatos, viéndote tan malamente reducido, se estremece y, todo impresionado, exclama: "¿Pero es posible tanta crueldad en los pechos humanos? ¡Ah, no era ésta mi voluntad al condenarlo a los azotes!" Y queriendo liberarte de las manos de tus enemigos, para poder encontrar razones más convenientes, todo encogido y apartando la mirada, porque no puede aguantar tu visión excesivamente dolorosa, vuelve a interrogarte: "Pero dime, ¿qué has hecho? Tu gente te ha entregado en mis manos. Dime, ¿Tú eres Rey? ¿Cuál es tu reino?"

A las preguntas abrumadoras de Pilatos, Tú, oh Jesús mío, no respondes, y encerrado en ti mismo, piensas en salvar mi pobre alma, a costa de tantas penas.

Y Pilatos, ya que no respondes, añade: "¿No sabes que está en mi poder el liberarte o el condenarte?"

Pero Tú, oh Amor mío, queriendo hacer resplandecer en la mente de Pilatos la luz de la verdad, le respondes: "No tendrías ningún poder sobre mí si no te viniera de lo alto; pero aquellos que me han entregado en tus manos han cometido un pecado aún mayor que el tuyo."

Entonces Pilatos, como movido por la dulzura de tu voz, indeciso como está y con el corazón en turbulencia, creyendo que los corazones de los judíos fuesen más piadosos, se decide a mostrarte desde el balcón, esperando que se muevan a compasión al verte tan destrozado y poder así liberarte.

Dolorido Jesús, mi corazón desfallece viéndote seguir a Pilatos. Caminas encorvado y fatigosamente bajo esa horrible corona de espinas; la sangre marca tus pasos y, apenas sales afuera, oyes el gentío tumultuoso que con ansiedad aguarda tu condena. Y Pilatos, imponiendo silencio, para llamar la atención de todos y hacerse escuchar por todos, toma con repugnancia los dos extremos de la púrpura que te cubre el pecho y los hombros, los levanta para hacer que todos vean a qué estado has quedado reducido, y en voz alta dice: "¡Ecce Homo! ¡He aquí al Hombre! ¡Miradlo, no tiene ya aspecto de hombre! ¡Observad sus llagas; ya no se le reconoce! Si ha hecho mal, ya ha sufrido bastante, más aún, demasiado. Y yo estoy ya arrepentido de haberle hecho sufrir tanto; por eso, dejémoslo libre."

Jesús, amor mío, déjame que te sostenga, pues veo que, cansado, vacilas bajo el peso de tantas penas. Ah, en este momento solemne se decide tu suerte. A las palabras de Pilatos se hace un profundo silencio en el Cielo, en la tierra y en el infierno. Y enseguida, como una sola voz, oigo el grito de todos: "¡Crucifícalo, crucifícalo! ¡A toda costa lo queremos muerto!"

Vida mía Jesús, veo que te estremeces. El grito de muerte desciende a tu Corazón, y en esas voces percibes la voz de tu amado Padre, que te dice: "¡Hijo mío, te quiero muerto, y muerto crucificado!"

Y ¡ah!, oyes también a tu Mamá que, aunque traspasada, desolada, hace eco a tu amado Padre: "¡Hijo, te quiero muerto!"

Los ángeles y los santos, así como el infierno, gritan todos con voz unánime: "¡Crucifícalo, crucifícalo!" De manera que no hay nadie que te quiera vivo. Y, ay, ay, con suma vergüenza, dolor y asombro, también yo me siento obligada por una fuerza suprema a gritar: "¡Crucifícalo!"

¡Jesús mío, perdóname si también yo, miserable alma pecadora, te quiero muerto! Sin embargo, te ruego que me hagas morir contigo.

Y entre tanto Tú, oh destrozado Jesús mío, movido por mi dolor, pareces decirme: "Hija mía, estréchate a mi Corazón y toma parte en mis penas y en mis reparaciones. El momento es solemne: Se debe decidir entre mi muerte o la muerte de todas las criaturas. En este momento dos corrientes chocan en mi Corazón. En una están todas las almas que, si me quieren muerto, es porque quieren hallar en mí la vida, y así, al aceptar Yo la muerte por ellas, son libradas de la condenación eterna y las puertas del Cielo se abren para recibirlas. En la otra corriente están aquellas que me quieren muerto por odio y como confirmación de su condenación, y mi Corazón está lacerado y siente la muerte de cada una de éstas y sus mismas penas del infierno. ¡Ah! Mi Corazón no soporta estos acerbos dolores; siento la muerte en cada latido, en cada respiro, y voy repitiendo: "¿Por qué tanta sangre será derramada en vano? ¿Por qué mis penas serán inútiles para tantos? ¡Ah, hija, sostenme, que no puedo más! Toma parte en mis penas y que tu vida sea un continuo ofrecimiento para salvar a las almas y para mitigarme penas tan desgarradoras."

Corazón mío, Jesús, tus penas son las mías, y hago eco a tus reparaciones. Pero veo que Pilatos queda aturdido y se apresura a decir: "¿Cómo? ¿Debo crucificar a vuestro Rey? ¡Yo no encuentro culpa en él para condenarlo!"

Y los judíos, ensordeciendo el ambiente, gritan: "¡No tenemos otro rey que el César, y si tú no lo condenas, no eres amigo del César! ¡Quita, quita, crucifícalo, crucifícalo!"

Pilatos, no sabiendo ya qué más hacer, por temor a ser destituido hace traer un recipiente con agua y, lavándose las manos, dice: "Soy inocente de la sangre de este justo". Y te condena a muerte.

Y los judíos gritan: "¡Su sangre caiga sobre nosotros y sobre nuestros hijos! Y viéndote condenado, festejan, aplauden, silban, gritan. Y mientras, Tú, oh Jesús, reparas por aquéllos que, hallándose en el poder, por temor vano y por no perder su puesto, violan hasta las leyes más sagradas, no importándoles la ruina de pueblos enteros, favoreciendo a los impíos y condenando a los inocentes. Y reparas también por aquéllos que después de la culpa, instigan a la cólera divina a castigarlos.

Pero mientras reparas por todo esto, el Corazón te sangra por el dolor de ver al pueblo escogido por ti, fulminado por la maldición del Cielo, que ellos mismos con plena voluntad han querido, sellándola con tu sangre, que han imprecado. Ah, el Corazón se te parte. Déjame que lo sostenga entre mis manos, haciendo mías tus reparaciones y tus penas. Pero el amor te empuja aún más alto, y ya con impaciencia buscas la cruz.

Vida mía, te seguiré, pero por ahora descansa en mis brazos; después llegaremos juntos al monte Calvario. Por eso, quédate en mí y bendíceme.

De las 10 a las 11 de la mañana
DECIMAOCTAVA HORA
Jesús abraza la Cruz

Jesús mío, Amor insaciable, veo que no te das trequa. Siento tus delirios de amor y tus dolores; el Corazón te late con fuerza, y en cada latido siento explosiones, torturas, violencias de amor, y Tú, no pudiendo contener el fuego que te devora, te afanas, gimes, suspiras, y oigo que en cada gemido dices: "¡Cruz!", y cada gota de tu sangre repite: "¡Cruz!" Y todas tus penas, en las cuales nadas como en un mar interminable, repiten entre ellas: "¡Cruz!" Y Tú exclamas: "¡Oh cruz amada y suspirada, tú sola salvarás a mis hijos, y Yo concentro en ti todo mi amor!"

Entre tanto, tus enemigos te hacen entrar nuevamente en el Pretorio, te quitan la púrpura y quieren ponerte de nuevo tus vestidos. Pero ¡ay, cuánto dolor! ¡Me sería más dulce morir que verte sufrir tanto! La vestidura se atora en la corona y no pueden sacártela por arriba, así que, con crueldad jamás vista, te arrancan todo junto: la púrpura y la corona. A tan cruel tirón se rompen muchas espinas y quedan clavadas en tu santísima cabeza; la sangre te llueve a chorros, y es tal el dolor, que gimes; pero tus enemigos, no teniendo en cuenta tus torturas, te ponen tus vestiduras y de nuevo vuelven a ponerte la corona y, oprimiéndola fuertemente a tu cabeza, hacen que las espinas te lleguen a los ojos y a las orejas. De manera que no hay parte en tu santísima cabeza en la que no sientas sus punzadas. Y es tan intenso tu dolor bajo esas manos crueles, que vacilas, te estremeces de los pies a la cabeza y, entre atroces espasmos, estás a punto de morir; y con tus ojos apagados y llenos de sangre, penosamente me miras para pedirme ayuda en medio de tanto dolor.

Jesús mío, Rey de los dolores, déjame que te sostenga y te estreche a mi corazón. Quisiera tomar el fuego que te devora para quemar a tus enemigos y ponerte a salvo, pero Tú no quieres, porque las ansias de la cruz se hacen aun más ardientes y quieres inmolarte de inmediato sobre ella, aun para bien de tus mismos enemigos. Pero mientras te estrecho a mi corazón, Tú, estrechándome al tuyo, me dices:

"Hija mía, hazme desahogar mi amor y repara conmigo por aquellos que, haciendo el bien, me deshonran. Estos judíos me visten con mis ropas para desacreditarme aún más ante el pueblo y para convencerlo de que Yo soy un malhechor. En apariencia, el acto de vestirme era bueno, pero en sí mismo era malvado. Ah, ¡cuántos hacen obras buenas, administran sacramentos o los frecuentan, pero lo hacen con fines humanos e incluso perversos! Pero el bien, mal hecho, conduce a la dureza, y Yo quiero ser coronado por segunda vez, y con dolores más atroces que en la primera, para romper esta dureza y así, con mis espinas, atraer a las criaturas a mí.

Ah, hija mía, esta segunda coronación es para mí aún más dolorosa; siento la cabeza como nadando entre espinas, y en cada movimiento que hago o en cada golpe que me dan, otras tantas muertes crueles sufro. Y así reparo por la malicia de las ofensas, reparo por aquéllos que, en cualquier estado de ánimo en que estén, en lugar de ocuparse de la propia santificación, se disipan y rechazan mi gracia, y vuelven a darme espinas aún más punzantes, y Yo me veo obligado a gemir, a llorar con lágrimas de sangre y a suspirar por su salvación. ¡Ah, Yo hago de todo por amar a las criaturas, y ellas hacen de todo por ofenderme! Al menos tú no me dejes solo en mis penas y en mis reparaciones."

Destrozado Bien mío, contigo reparo y contigo sufro. Pero veo que tus enemigos te precipitan por la escalinata; el pueblo con furor y ansia te espera. Ya te hacen encontrar preparada la cruz, que con tantos suspiros buscas, y Tú, con amor, la miras y, con paso decidido, te acercas a abrazarla, pero antes la besas y, corriéndote un estremecimiento de alegría por tu Santísima Humanidad, con sumo contento vuelves a mirarla midiendo su longitud y su anchura. En ella estableces la porción para todas las criaturas y las dotas suficientemente para vincularlas a la Divinidad con un vínculo nupcial y hacerlas herederas del Reino de los Cielos, y luego, no pudiendo contener el amor con que las amas, vuelves a besar la cruz y le dices:

"Cruz adorada, por fin te abrazo. Tú eras el suspiro de mi Corazón, el martirio de mi amor, pero tú, oh cruz, tardaste hasta ahora, mientras que mis pasos siempre se dirigían hacia ti. Cruz santa, tú eras la meta de mis deseos, la finalidad de mi existencia acá abajo. En ti concentro todo mi ser, en ti pongo a todos mis hijos. Tú serás su vida y su luz, su defensa, su custodia, su fuerza; tú los auxiliarás en todo y me los conducirás gloriosos al Cielo. Oh cruz, cátedra de sabiduría, sólo tú enseñarás la verdadera santidad, sólo tú formarás los héroes, los atletas, los mártires, los santos. Cruz hermosa, tú eres mi trono, y teniendo Yo que partir de la tierra, te quedarás tú en mi lugar. A ti te entrego en dote a todas las almas: ¡Custódiamelas, sálvamelas; a ti te las confío!"

Y diciendo esto, ansioso, te la haces poner sobre tus santísimos hombros. Ah, Jesús mío, la cruz es demasiado ligera para tu amor, pero al peso de la cruz se une el de nuestros enormes e inmensos pecados, tan enormes e inmensos como es la extensión de los cielos, y Tú, quebrantado Bien mío, te sientes aplastado bajo el peso de tantas culpas. Tu alma se horroriza ante su vista y sientes la pena de cada culpa; tu santidad queda sacudida ante tanta fealdad, y por eso, cargando la cruz sobre tus hombros, vacilas y te afliges, y de tu Humanidad Santísima brota un sudor mortal.

Ah, Amor mío, no tengo ánimo para dejarte solo; quiero compartir contigo el peso de la cruz, y para aliviarte del peso de las culpas me estrecho a tus pies, y en nombre de todas las criaturas quiero darte amor por la que no te ama; alabanzas, por la que te desprecia, y bendiciones, gratitud y obediencia, por todas. Declaro que, por cualquier ofensa que recibas, quiero ofrecerte todo mi ser en reparación y hacer el acto opuesto a las ofensas que las criaturas te hagan, y consolarte con mis besos y con mis continuos actos de amor. Pero veo que soy demasiado miserable y tengo necesidad de ti para poder darte reparación de verdad. Por eso, me uno a tu Santísima Humanidad y, junto contigo, uno mis pensamientos a los tuyos para reparar mis malos pensamientos y los de todos; uno mis ojos a los tuyos para reparar por las malas miradas; uno mi boca a la tuya para reparar por las blasfemias y por las malas conversaciones; uno mi corazón al tuyo para reparar por las inclinaciones, por los deseos y por los afectos malos; en una palabra, quiero reparar por todo lo que repara tu Santísima Humanidad, uniéndome a la inmensidad de tu amor por todos y al bien inmenso que haces a todos. Pero no estoy contenta aún. Quiero unirme a tu Divinidad; mi nada la pierdo en Ella y así te doy todo.

Te doy tu amor para compensar tus amarguras. Te doy tu Corazón para reparar nuestras frialdades, faltas de correspondencia, ingratitudes y el poco amor de las criaturas. Te doy tus armonías para aliviar tus oídos por las molestias que recibes por las blasfemias. Te doy tu belleza para reanimarte de las fealdades de nuestras almas cuando nos enlodamos en la culpa. Te doy tu pureza para que te recobres de las faltas de rectitud de intención y por el fango y podredumbre que ves en tantas almas. Te doy tu inmensidad para reanimarte por las estrecheces voluntarias en las que se meten las almas. Te doy tu ardor para quemar todos los pecados y todos los corazones, a fin de que todos te amen y nadie te ofenda más. Te doy todo lo que Tú eres para darte satisfacción infinita, amor eterno, inmenso e infinito.

Camino al Calvario

Pacientísimo Jesús mío, veo que das los primeros pasos bajo el enorme peso de la cruz. Yo uno mis pasos a los tuyos, y cuando Tú, débil, desangrado y vacilante, estés por caer, a tu lado estaré yo para sostenerte, y pondré mis hombros bajo la cruz para compartir contigo el peso. No me desdeñes, sino acéptame como tu fiel compañera.

Oh Jesús, me miras y veo que reparas por aquellos que no llevan con resignación su propia cruz, sino que reniegan, se irritan, se suicidan o cometen homicidios, y Tú impetras para todos amor y resignación a la propia cruz. Pero es tanto tu dolor, que te sientes aplastado bajo la cruz. Son apenas los primeros pasos que das, y ya caes bajo ella y, al caer, te golpeas en las piedras y las espinas se clavan aún más en tu cabeza, mientras que todas tus llagas se abren y sangran nuevamente. Y no teniendo fuerzas para levantarte, tus enemigos, irritados, tratan de ponerte de pie a puntapiés y empellones.

Amor mío caído, déjame que te ayude a ponerte de pie, que te bese, que te enjugue la sangre y que repare contigo por quienes pecan por ignorancia, por fragilidad y por debilidad, y te ruego que des ayuda a estas almas.

Vida mía, Jesús, tus enemigos, haciéndote sufrir dolores inauditos, han logrado ponerte de pie. Y mientras tambaleante caminas, oigo tu respiro afanoso; tu Corazón late con más fuerza y nuevas penas te lo traspasan intensamente; sacudes la cabeza para quitar de tus ojos la sangre que los llenan, y miras con ansiedad... Ah, Jesús mío, comprendo todo; es tu Mamá, que, como gimiente paloma, va en tu búsqueda y quiere decirte una palabra y recibir una última mirada tuya, y Tú sientes sus penas, sientes su Corazón lacerado en el tuyo, y enternecido y herido por su amor y el tuyo. Y la descubres abriéndose paso entre la gente, pues quiere a toda costa verte, abrazarte y darte su último adiós. Pero Tú quedas aún más traspasado al ver su palidez mortal y todas tus penas reproducidas en Ella por la fuerza del amor. Y si Ella continúa viviendo, es sólo por un milagro de tu omnipotencia. Ya diriges tus pasos al encuentro de los suyos, pero difícilmente podéis apenas cruzaros una mirada. ¡Oh quebranto del corazón de ambos! Los soldados han caído en la cuenta y a empujones impiden que la Madre y el Hijo os deis un último adiós, y es tan grande la angustia de ambos, que tu Mamá queda petrificada por el dolor y está a punto de sucumbir. Pero el fiel Juan y las piadosas mujeres la sostienen mientras Tú caes nuevamente bajo la cruz. Entonces, tu Mamá dolorosa, lo que no hace con el cuerpo porque se ve imposibilitada, lo hace con el alma: entra en ti, hace suyo el Querer del Eterno y, asociándose a ti en todas tus penas, te hace el oficio de Mamá, te besa, te repara, te cura y en todas tus llagas derrama el bálsamo de su doloroso amor.

Penante Jesús mío, yo también me uno con la traspasada Mamá; hago mías todas tus penas, y en cada gota de tu sangre, en cada una de tus llagas, quiero hacerte de mamá, y junto con Ella y contigo reparo por todos los encuentros peligrosos y por quienes se exponen a las ocasiones de pecar, o que, forzados a exponerse por necesidad, quedan atrapados por el pecado.

Y Tú gimes, entre tanto, caído bajo la cruz. Los soldados temen que mueras bajo el peso de tantos tormentos y por haber perdido tanta sangre. Y es por esto por lo que, a fuerza de latigazos y puntapiés, con dificultad logran ponerte en pie; y así reparas las repetidas caídas en el pecado, los pecados graves cometidos por toda clase de personas, y ruegas por los pecadores obstinados, llorando con lágrimas de sangre por su conversión.

Quebrantado Amor mío, mientras te sigo en las reparaciones, veo que no eres ya capaz de sostenerte bajo el peso enorme de la cruz. Tiemblas todo. Y a los continuos golpes que recibes, las espinas penetran cada vez más en tu santísima cabeza, y la cruz, por su gran peso, se hunde en tu hombro, formando en él una llaga tan profunda que te descubre los huesos. A cada paso me parece que te mueres, y por todo esto te ves imposibilitado para seguir adelante. Pero tu amor, que lo puede todo, te da nuevas fuerzas. Y al sentir que la cruz se hunde en tu hombro, reparas por los pecados ocultos, que, no siendo reparados, acrecientan la crudeza de tus dolores. Jesús mío, déjame que ponga mi hombro bajo la cruz para aliviarte, y que repare contigo por todos los pecados ocultos.

Entonces tus enemigos, por temor a que mueras bajo la cruz, obligan al Cireneo a ayudarte a llevar la cruz, el cual, de mala gana y vociferando, te ayuda, no por amor, sino por la fuerza. Y entonces, en tu Corazón hacen eco todos los lamentos de quienes sufren por las faltas de resignación, las rebeliones, los enojos y los desprecios en el sufrir; pero quedas aún más traspasado al ver que las almas consagradas a ti, a quienes llamas por compañeras y ayudas en tu dolor, huyen de ti, y si Tú, con el dolor, las estrechas a ti, ah, se liberan de tus brazos para ir en busca de placeres y te dejan a ti solo en el sufrir.

Jesús mío, mientras reparo contigo, te ruego que me estreches entre tus brazos, tan fuertemente, que no haya ninguna pena que Tú sufras en la que yo no tome parte, para transformarme en ellas y para compensarte por el abandono de todas las criaturas.

Quebrantado Jesús mío, a duras penas y todo encorvado caminas. Pero veo que te detienes y tratas de mirar. Corazón mío, ¿qué pasa, qué quieres? Ah, es la Verónica que sin temor a nada, valientemente te enjuga con un paño, el rostro todo cubierto de sangre. Y tú se lo dejas estampado en señal de gratitud. Generoso Jesús mío, también yo quiero enjugarte, pero no con un paño, sino que quiero presentar todo mi ser para aliviarte; quiero entrar en tu interior, y darte, oh Jesús mío, latidos por latidos, respiros por respiros, afectos por afectos, deseos por deseos. Quiero sumergirme en tu santísima inteligencia, y haciendo correr todos esos latidos, respiros, afectos y deseos en la inmensidad de tu Voluntad, quiero multiplicarlos infinitamente. Quiero, oh Jesús mío, formar olas de latidos para hacer que ningún latido malo repercuta en tu Corazón y así poder aliviarte todas tus amarguras interiores; quiero formar olas de afectos y de deseos, para alejar todos los afectos y deseos malos que pudieran entristecer en lo más mínimo tu Corazón; y deseo, asímismo, formar oleadas de respiros y de pensamientos, para apartar cualquier respiro y pensamiento que pudiese desagradarte en lo más mínimo. Estaré bien atenta, oh Jesús, para que nada más te aflija y añada otras amarguras a tus penas internas. Oh Jesús mío, ah, haz que todo mi interior nade en la inmensidad del tuyo; así podré encontrar amor suficiente y voluntad capaz de hacer que no entre en tu interior un amor malo ni una voluntad que pudiera desagradarte.

Oh Jesús mío, para estar más segura, te ruego que selles con tus pensamientos los míos, con tu Voluntad la mía, con tus deseos los míos, con tus afectos y con tus latidos los míos, a fin de que, sellados, no tomen vida sino de ti. Te ruego también, oh mi Jesús, que aceptes mi pobre cuerpo, que quisiera hacer jirones por tu amor y reducirlo a pequeñísimas partículas para meterlas en cada una de tus llagas. Sobre esa llaga, oh Jesús, que te da dolor por las muchas blasfemias, pongo una partícula de mi cuerpo y quiero que te diga siempre: "Te bendigo". Sobre la llaga que te da tanto dolor por las muchas ingratitudes, quiero, oh Jesús, poner una porción de mi cuerpo para atestiguarte mi gratitud. Sobre esa llaga, oh Jesús, que tanto te hace sufrir por las frialdades y faltas de amor, quiero poner muchas partículas de mi carne, que te digan siempre: "¡Te amo, te amo, te amo!" Sobre esa llaga que te da dolor por las muchas irreverencias hacia tu

Santísima Persona, quiero poner un trozo de mí misma, que te diga siempre: "¡Te adoro, te adoro, te adoro!" Oh Jesús mío, quiero difundirme en todo, y en esas llagas abiertas por las muchas incredulidades, quiero que los jirones de mi cuerpo te digan siempre: "¡Creo, creo en ti, mi Jesús, Dios mío, y en tu Santa Iglesia, y quiero dar mi vida para testimoniarte mi fe!" Oh Jesús mío, me sumerjo en la inmensidad de tu Querer, y haciéndolo mío, quiero suplir por todos y encerrar las almas de todos en la potencia de tu Santísima Voluntad. Oh Jesús, me ha quedado aún la sangre, que quiero derramar como bálsamo y alivio sobre tus llagas, para consolarte y poder reanimarte del todo. Quiero también, oh Jesús, hacer correr mis pensamientos en el corazón de cada pecador, para gritarle continuamente y así no se atreva a ofenderte; y te ruego, con las voces de tu sangre, a fin de que todos se rindan a mis pobres oraciones; así podré llevarlos a tu Corazón. Otra gracia te pido, oh Jesús mío, que en todo lo que veo, toco y siento, yo te vea, te toque y te sienta siempre a ti, y que tu santísima imagen y tu santísimo nombre estén siempre impresos en cada partícula de mi pobre ser.

Entre tanto, tus enemigos, viendo mal este acto de la Verónica, te azotan, te empujan y te hacen proseguir el camino. Otros pocos pasos y de nuevo te detienes; pero tu amor, bajo el peso de tantas penas, no se detiene y, viendo a las piadosas mujeres que lloran por tus penas, te olvidas de ti mismo y las consuelas diciéndoles: "Hijas, no lloréis por mis penas, sino por vuestros pecados y los de vuestros hijos."

¡Qué sublime enseñanza! ¡Qué dulce es tu palabra! Oh Jesús, contigo reparo por las faltas de caridad, y te pido la gracia de olvidarme de mí misma para que no me acuerde sino sólo de ti.

Pero tus enemigos, al oírte hablar, se llenan de furor, tiran de ti con las cuerdas y te empujan con tanta rabia que te hacen caer y, al caer, te golpeas en las piedras. El peso de la cruz te atormenta y te sientes morir. Déjame que te sostenga y que con mis manos alivie tu santísimo rostro. Veo que tocas la tierra y agonizas en tu propia sangre. Pero tus enemigos te quieren poner de pie, tiran de ti con las cuerdas, te levantan por los cabellos, te dan puntapiés, pero todo es en vano. ¡Te mueres, Jesús mío! ¡Qué pena! ¡El corazón se me rompe por el dolor! Y, casi arrastrándote, te llevan al monte Calvario; y mientras te arrastran, siento que reparas por todas las ofensas de las almas consagradas a ti, que te dan tanto peso que, por más que te esfuerzas por levantarte, es en vano. Y así, arrastrado y pisoteado, llegas al Calvario dejando, por donde pasas, rojas huellas de tu preciosa sangre.

Jesús es despojado de sus vestiduras

Y aquí, en el Calvario, te esperan nuevos dolores. Te desnudan de nuevo y te arrancan vestidura y corona de espinas. Ah, gimes al sentir que de tu cabeza te arrancan las espinas; y arrancándote tus ropas, te arrancan también las carnes destrozadas que aún te quedan y que están adheridas a ellas. Las llagas se abren, la sangre corre en arroyos hasta el suelo, y es tan grande el dolor, que caes casi muerto. Y nadie se mueve a compasión por ti, Bien mío; al contrario, con bestial furor te ponen de nuevo la corona de espinas, te la clavan a golpes y son tan atroces los dolores por los desgarramientos y por los maltratos causados al arrancarte los cabellos amasados en la sangre ya coagulada, que sólo los ángeles podrían decir lo que sufres, mientras, horrorizados, retiran sus angélicas miradas y lloran.

Desnudado Jesús mío, permíteme que te estreche a mi corazón para calentarte, porque veo que tiemblas y que un helado sudor de muerte invade tu Santísima Humanidad. ¡Cuánto quisiera darte mi vida y mi sangre para sustituir a la tuya, la que has perdido para darme vida!

Y Jesús, entretanto, mirándome con sus lánguidos y agonizantes ojos, parece decirme: "¡Hija mía, cuánto me cuestan las almas! Aquí es el lugar donde las espero a todas para salvarlas, donde quiero reparar los pecados de aquellos que llegan a degradarse por debajo de las bestias y que se obstinan tanto en ofenderme que llegan a no saber vivir sin cometer pecados. Su razón queda ciega y pecan frenéticamente, y por eso me coronan de espinas por tercera vez. Y, siendo desnudado, reparo por quienes llevan vestidos de lujo e indecentes, por los pecados contra la modestia, y por los que están tan atados a las riquezas, a los honores y a los placeres, que de todo eso hacen un dios para sus corazones. Ah, sí, cada una de estas ofensas es una muerte que siento, y si no muero, es sólo porque el Querer de mi Padre Eterno no ha decretado aún el momento de mi muerte."

Desnudado Bien mío, mientras reparo contigo, te suplico que me despojes de todo con tus santísimas manos y no permitas que ningún afecto malo entre en mi corazón; vigílamelo, rodéamelo con tus penas y llénamelo con tu amor. Haz que mi vida no sea sino la repetición de la tuya, y confirma mi despojamiento con tu bendición. Bendíceme de corazón y dame la fuerza de asistir a tu dolorosa crucifixión para quedar crucificada contigo.

De las 11 a las 12 del día
DECIMANOVENA HORA
La Crucifixión de Jesús

Jesús, Madre mía, venid a escribir conmigo; prestadme vuestras santísimas manos para que pueda escribir lo que a Vosotros os plazca y sólo lo que queráis.

Amor mío, Jesús, ya estás despojado de tus vestiduras; tu cuerpo santísimo está tan lacerado, que pareces un cordero desollado. Veo que tiemblas de los pies a la cabeza, y no sosteniéndote de pie, mientras tus enemigos te preparan la cruz, te echas por tierra sobre este monte. Bien mío y Todo mío, el corazón se me oprime por el dolor al verte chorreando sangre de todas las partes de tu santísimo cuerpo, y que estás todo cubierto de llagas, de la cabeza a los pies.

Tus enemigos, cansados, pero no satisfechos, al desnudarte han arrancado de tu santísima cabeza, con indecible dolor tuyo, la corona de espinas, y después te la han clavado de nuevo entre dolores inauditos, perforando con nuevas heridas tu santísima cabeza. Ah, Tú reparas la perfidia y la obstinación en el pecado, especialmente en el pecado de soberbia. Jesús, veo que si el amor no te empujase aun más arriba, Tú ya hubieras muerto por la crueldad del dolor que sufres en esta tercera coronación de espinas. Pero veo que no puedes soportar el dolor y, con esos ojos velados por la sangre, miras para ver si al menos hay uno que se te acerque para sostenerte en medio de tanto dolor y confusión.

Dulce bien mío, querida Vida mía, aquí no estás solo como en la noche de la pasión, aquí está la doliente Mamá, que, lacerada en su Corazón, sufre tantas muertes por cuantas penas sufres Tú. Oh Jesús, también está la amante Magdalena, que parece enloquecida a causa de tus penas; el fiel Juan, que parece enmudecido por la intensidad del dolor de tu Pasión. Este es el monte de los amantes, y no podías estar solo. Pero dime, Amor mío, ¿quién quisieras que te sostuviera en tanto dolor? Ah, permíteme que sea yo quien te sostenga. Yo soy, entre todos, quien tiene más necesidad. La Mamá querida, con los demás, me ceden el puesto, y yo, oh Jesús, me acerco a ti, te abrazo y te ruego que apoyes tu cabeza sobre mi hombro y que me hagas sentir en mi cabeza tus espinas. Quiero poner mi cabeza junto a la tuya, no sólo para sentir tus espinas, sino también para lavar con tu sangre preciosísima, que de la cabeza te escurre, todos mis pensamientos para que puedan estar en acto de repararte por cualquier ofensa de pensamiento que cometan las criaturas. Ah, Amor mío, estréchate a mí, pues quiero besar, una por una, las gotas de tu sangre que llueven sobre tu Rostro santísimo, y mientras las adoro, una por una, te ruego que cada gota de tu sangre sea luz para cada mente de criatura, para hacer que ninguna te ofenda con malos pensamientos.

Y mientras te tengo estrechado y apoyado en mí, te miro, oh Jesús, y veo que miras la cruz que tus enemigos te preparan. Oyes los golpes que dan a la cruz para hacerle los agujeros en los que te clavarán. Oh Jesús mío, siento que tu Corazón te palpita fuertemente, añorando el lecho más apetecible para ti, si bien con dolor indescriptible, en el que sellarás en ti la salvación de nuestras almas. Y te oigo decir:

"Amor mío, cruz amada, lecho mío precioso: tú has sido mi martirio en vida y ahora eres mi descanso. Oh cruz, recíbeme pronto en tus brazos; estoy impaciente de tanto esperar. Cruz santa, en ti daré cumplimiento a todo. ¡Pronto, oh cruz, cumple mis ardientes deseos, que me consumen para dar vida a las almas, y estas vidas serán selladas por ti, oh cruz! ¡Ah, no tardes más, que con ansia espero extenderme sobre ti para abrir el Cielo a todos mis hijos y cerrarles el infierno! Oh cruz, es verdad que tú eres mi batalla, pero eres también mi victoria y mi triunfo completo. En ti daré abundantes herencias, victorias, triunfos y coronas a mis hijos."

Pero, ¿quién podrá narrar todo lo que mi dulce Jesús le dice a la cruz? Y mientras Jesús se desahogaba anhelando la cruz, sus enemigos le mandan que se extienda sobre ella, y Él, inmediatamente, obedece a su querer, para reparar por nuestras desobediencias.

Amor mío, antes de que te extiendas sobre la cruz, déjame que te estreche más fuerte a mi corazón y que te dé, y tú me dés, un beso. Escucha, oh Jesús, no quiero dejarte; quiero permanecer contigo y extenderme también yo sobre la cruz y quedar clavada junto contigo. El verdadero amor no soporta ninguna clase de separación. Tú perdonarás la audacia de mi amor y me concederás quedarme crucificada contigo. Mira, tierno Amor mío, no soy yo sola quien te lo pide, sino también te lo piden la doliente Mamá, la inseparable Magdalena, el predilecto Juan; todos te dicen que les sería más soportable quedar crucificados contigo que sólo asistir y verte a ti solo crucificado. Por eso, junto contigo me ofrezco al Eterno Padre, identificada con tu Voluntad, con tu amor, con tus reparaciones, con tu mismo Corazón y con todas tus penas.

Ah, parece que mi dolorido Jesús me dice: "Hija mía, has previsto mi amor; ésta es mi voluntad: que todos los que me aman queden crucificados conmigo. Ah, sí, ven tú también a extenderte conmigo sobre la cruz; te daré vida de mi vida y te tendré como la predilecta de mi Corazón."

Dulce Bien mío, he aquí que te extiendes sobre la cruz, miras a los verdugos, que tienen en las manos clavos y martillo para clavarte, y los miras con tal amor y dulzura, que les haces una dulce invitación para que pronto te crucifiquen. Y ellos, aunque sienten repugnancia, con ferocidad inhumana te sujetan la mano derecha, presentan el clavo y, a golpes de martillo, lo hacen salir por el otro lado de la cruz; pero es tanto y tan tremendo el dolor que sufres, oh Jesús mío, que te estremeces, la luz de tus ojos se eclipsa, tu rostro santísimo palidece y se pone lívido.

Diestra bendita, te beso, te compadezco, te adoro y te agradezco, por mí y por todos. Y por cuantos fueron los golpes que recibiste, tantas otras almas te pido en este momento que libres de la condena del infierno; por cuantas gotas de sangre derramaste, tantas almas te ruego que laves en esta sangre preciosísima; y por el atroz dolor que sufriste, especialmente cuando te clavaron en la cruz, estirándote los nervios del brazo, te ruego que abras el Cielo a todos y que bendigas a todos, y esta bendición tuya llame a la conversión a los pecadores, y a la luz de la fe, a los herejes e infieles.

Oh Jesús, dulce Vida mía, mientras terminan de crucificar tu mano derecha, tus enemigos, con inaudita crueldad, te toman la izquierda, y tiran tanto de ella para hacer que llegue al agujero ya preparado en la cruz, que sientes que te dislocan las articulaciones de los brazos y de los hombros, y por la violencia del dolor, las piernas quedan contraídas y convulsionadas.

Mano izquierda de mi Jesús, te beso, te compadezco te adoro y te agradezco. Y te ruego, por esos golpes y por los dolores que sufriste cuando te traspasaron con el clavo, que me concedas muchas almas que en este momento hagamos volar del Purgatorio al Cielo, y por la sangre que derramaste, te ruego que extingas las llamas que atormentan a esas almas, y para todas sea un refrigerio y un baño saludable que las purifique de todas las manchas y las disponga a la visión beatifica. Amor mío y Todo mío, por el agudo dolor que sufriste cuando te clavaron el clavo en la mano izquierda, te ruego que cierres el infierno a todas las almas y que detengas los rayos de la divina justicia, que por nuestras culpas está por desgracia irritada. Ah, Jesús, haz que este clavo en tu mano izquierda bendita sea la llave que cierre la divina justicia, para hacer que no lluevan los flagelos sobre la tierra y se abran los tesoros de la divina misericordia en favor de todos. Por eso te ruego que nos estreches entre tus brazos. Ya has quedado inmovilizado para todo, y nosotros hemos quedado libres para poder hacerte todo; por tanto, pongo en tus brazos el mundo y a todas las generaciones, y te ruego, Amor mío, con las voces de tu misma sangre, que no niegues a ninguno el perdón, y por los méritos de tu preciosísima sangre te pido la salvación y la gracia para todos, sin excluir a ninguno, oh mi Jesús.

Amor mío, Jesús, tus enemigos no están todavía contentos; con ferocidad diabólica toman tus pies santísimos, siempre incansables en la búsqueda de almas, y, contraídos como estaban por la fuerza del dolor de las manos, los estiran tanto que quedan descoyuntadas las rodillas, las caderas y todos los huesos del pecho. Mi corazón no resiste, oh Bien mío. Veo que por la vehemencia del dolor, tus bellos ojos, eclipsados y velados por la sangre, se ponen en blanco, tus labios, lívidos e hinchados por los golpes, se tuercen, las mejillas se hunden, los dientes entrechocan, el pecho se sofoca, y el Corazón, por la fuerza de la tensión con que han sido estiradas las manos y los pies, queda todo desquiciado. ¡Amor mío, con cuánto deseo me pondría en tu lugar para evitarte tanto dolor! Quiero extenderme en todos tus miembros para darte un alivio, un beso, un consuelo y una reparación por todo.

Jesús mío, veo que ponen un pie tuyo sobre el otro, y un clavo, por añadidura despuntado, te lo clavan en tus santísimos pies. Ah Jesús mío, permíteme que, mientras el clavo te los traspasa, te ponga en el pie derecho a todos los sacerdotes para que sean luz para los pueblos, y en especial aquellos que no llevan una vida buena y santa, y en el pie izquierdo, a todos los pueblos para que reciban la luz de los sacerdotes, los respeten y les sean obedientes; y así como el clavo te traspasa los pies, así traspase a los sacerdotes y a los pueblos para que unos y otros no puedan separarse de ti.

Pies benditos de mi Jesús, os beso, os compadezco, os adoro y os agradezco. Y por los atrocísimos dolores que sufriste cuando fuiste estirado y se te descoyuntaron todos los huesos, y por la sangre que derramaste, te suplico que encierres a todas las almas en las llagas de tus santísimos pies. No desdeñes a ninguna, oh Jesús. Que tus clavos crucifiquen nuestras potencias para que no se separen de ti; nuestro corazón, para que siempre y sólamente quede fijo en ti; todos nuestros sentimientos queden clavados con tus clavos para que no tomen ningún gusto que no provenga de ti.

Oh Jesús mío crucificado, te veo todo ensangrentado; nadas en un baño de sangre, y estas gotas de sangre no te dicen otra cosa sino: ¡Almas! Es más, en cada una de estas gotas de tu sangre veo presentes a todas las almas de todos los siglos; de manera que a todas nos contenías en ti, oh Jesús. Y por la potencia de esta sangre te pido que ninguna huya de ti.

Oh Jesús mío, al terminar los verdugos de clavarte los pies, yo me acerco a tu Corazón. Veo que ya no puedes más, pero el amor grita más fuerte: "¡Más penas aún!" Jesús mío, abrazo tu Corazón, te beso, te compadezco, te adoro y te agradezco, por mí y por todos. Oh Jesús, quiero apoyar mi cabeza sobre tu Corazón para sentir lo que sufres en esta dolorosísima crucifixión. Ah, siento que cada golpe de martillo retumba en tu Corazón. Este Corazón es el centro de todo y por él empiezan los dolores y en él terminan. Ah, si no fuera porque esperas una lanza para ser traspasado, las llamas de tu amor y la sangre que hierve en torno a tu Corazón, se hubieran abierto camino y te lo habrían ya traspasado. Estas llamas y esta sangre llaman a las almas amantes a hacer su feliz morada en tu Corazón, y yo, oh Jesús, te ruego, te pido, por amor de este Corazón y por tu santísima sangre, la santidad de las almas, de aquellas que te aman, oh Jesús. ¡Ah, no las dejes salir jamás de tu Corazón!, y con tu gracia multiplica las vocaciones de almas víctimas que continúen tu vida sobre la tierra. Tú quisieras dar un puesto especial en tu Corazón a las almas que te aman; haz que este puesto no lo pierdan jamás.

Oh Jesús, que las llamas de tu Corazón me abrasen y me consuman, que tu sangre me embellezca, que tu amor me tenga siempre clavada al amor, con el dolor y con la reparación.

Oh Jesús mío, ya los verdugos han clavado tus manos y tus pies a la cruz, y volteándola, para remachar los clavos, obligan a tu rostro adorable a tocar la tierra ya empapada por tu misma sangre, y Tú, con tus labios divinos, la besas. Y con este beso, oh dulce Amor mío, quieres besar a todas las almas y vincularlas a tu amor, sellando en ellas su salvación. Oh Jesús, déjame tomar tu lugar, y mientras los verdugos remachan los clavos, haz que estos golpes me hieran también a mí y me claven por entero a tu amor.

Jesús mío, mientras las espinas se van hundiendo cada vez más en tu santísima cabeza, quiero ofrecerte, oh dulce Bien mío, todos mis pensamientos, para que, como besos afectuosos, te consuelen y alivien la amargura de tus espinas.

Oh Jesús, veo que tus enemigos aún no se han hartado de insultarte y de escarnecerte, y yo quiero confortar tus divinas miradas con mis miradas de amor.

Tu lengua está casi pegada a tu paladar por la amargura de la hiel y por la sed ardiente. Para aplacar tu sed, oh Jesús mío, Tú quisieras todos los corazones de las criaturas rebosantes de amor, pero no teniéndolos, te abrasas cada vez más por ellas. Dulce Amor mío, quiero enviarte ríos de amor para mitigar de algún modo la amargura de la hiel y la sed ardiente.

Oh Jesús, veo que a cada movimiento que haces, las llagas de tus manos se van abriendo más y el dolor se hace más intenso y acerbo. Querido Bien mío, para confortar y endulzar este dolor, te ofrezco las obras santas de todas las criaturas.

Oh Jesús, ¡cuánto sufres en tus santísimos pies! ¡Todos los movimientos de tu santísimo cuerpo parecen repercutir en ellos, y no hay nadie a tu lado para sostenerte y aliviar un poco el rigor de tus dolores! Vida mía dulcísima, quisiera reunir los pasos de las criaturas de todas las generaciones, pasadas, presentes y futuras, y dirigirlos todos a ti, para venir así a consolarte en tus duras penas.

Oh Jesús mío, ¡qué destrozado está tu pobre Corazón! ¿Cómo podré confortarte en tanto dolor? Me difundiré en ti, pondré mi corazón en el tuyo, en tus ardientes deseos pondré los míos para que sea destruído cualquier deseo malo; difundiré mi amor en el tuyo, a fin de que, con tu fuego, sean abrasados los corazones de todas las criaturas y destruídos los amores profanos. Y así, tu Corazón Santísimo quedará reconfortado. Yo prometo desde ahora, oh Jesús, mantenerme siempre clavada a este Corazón amorosísimo, con los clavos de tus deseos, de tu amor y de tu Voluntad.

¡Oh Jesús mío, crucificado Tú, crucificada yo en ti! No permitas que me desclave lo más mínimo de ti, sino que quede siempre clavada, para poder amarte y repararte por todos y mitigar el dolor que te dan las criaturas con sus culpas.

Jesús clavado en la Cruz

En esta hora, el alma, en íntima unión con Jesús, quiere desarmar a la divina justicia.

Mi buen Jesús, veo que tus enemigos levantan el pesado madero de la cruz y lo dejan caer en el hoyo que han preparado, y Tú, dulce Amor mío, quedas suspendido entre el cielo y la tierra. En este solemne momento te diriges al Padre y, con voz débil y apagada, le dices:

"Padre Santo, heme aquí, cargado con todos los pecados del mundo; no hay pecado que no recaiga sobre mí. Por eso, no descargues sobre los hombres los flagelos de tu divina justicia, sino sobre mí, tu Hijo. Oh Padre, permíteme que ate a todas las almas a esta cruz, y que ellas imploren perdón con las voces de mi sangre y de mis llagas. Oh Padre, ¿no ves a qué estado me he reducido? Por esta cruz y en virtud de estos dolores, concede a todos el perdón, verdadera conversión, paz y santidad. Detén tu indignación contra la pobre humanidad, contra mis hijos; están ciegos y no saben lo que hacen. Por eso, mira bien cómo he quedado reducido por causa de ellos. Si no te compadeces de ellos, que al menos te enternezca mi rostro, sucio de salivazos, cubierto de sangre, lívido e hinchado por tantas bofetadas y tantos golpes como he recibido. ¡Piedad, Padre mío! Yo era el más hermoso de todos, y ahora estoy tan desfigurado que ya no me reconozco. He llegado a ser la abominación de todos. ¡Por eso, a cualquier precio, quiero salvar a la pobre criatura!"

Crucificado Amor mío, yo también quiero seguirte ante el Trono del Eterno, y juntamente contigo quiero desarmar a la divina justicia. Hago mía tu Santísima Humanidad, me uno con mi voluntad a la tuya y, juntamente contigo, quiero hacer lo que haces Tú. Es más, permite que mis pensamientos corran en los tuyos; mi amor, mi voluntad, mis deseos, en los tuyos; mis latidos corran en tu Corazón y todo mi ser en ti, a fin de que no deje escapar nada y repita, acto por acto y palabra por palabra, todo lo que haces Tú.

Pero veo, crucificado Bien mío, que Tú, viendo al Divino Padre grandemente indignado contra las criaturas, te postras ante Él y ocultas a todas las criaturas dentro de tu Santísima Humanidad, poniéndonos a salvo, para que el Padre, mirándonos en ti, no arroje a las criaturas de sí. Y si las mira airado, es porque todas las almas han desfigurado la bella imagen que Él creó, y no tienen sino pensamientos para desconocerlo y ofenderlo, y de su inteligencia, que debía ocuparse en comprenderlo, forman por el contrario una guarida donde anidan todos los pecados. Y Tú, oh Jesús mío, para aplacarlo, atraes la atención del Divino Padre para que mire tu santísima cabeza, traspasada en medio de atroces dolores, pues en tu mente tienes como clavadas a todas las inteligencias de las criaturas, y por todas y por cada una ofreces una expiación para satisfacer a la divina justicia. ¡Oh, cómo son estas espinas, ante la Majestad Divina, voces piadosas que excusan todos los malos pensamientos de las criaturas!

Jesús mío, mis pensamientos sean uno solo con los tuyos; por eso, contigo ruego, imploro, reparo y excuso ante la Divina Majestad por todo el mal que hacen todas las criaturas con la inteligencia. Permíteme que tome tus espinas y tu misma inteligencia, y vaya recorriendo contigo todas las criaturas; que una tu inteligencia a las suyas y con la santidad de tu inteligencia les devuelva la primera inteligencia, tal como fue creada por ti; que con la santidad de tus pensamientos reordene todos los pensamientos de las criaturas en ti, y con tus espinas traspase la mente de todas y de cada una de las criaturas y te devuelva el dominio y el gobierno de todas. Ah, sí, oh Jesús mío, sé Tú solo el dominador de cada pensamiento, de cada afecto de todas las gentes; rige Tú solo cada cosa, y sólo así la faz de la tierra, que causa horror y espanto, será renovada.

Mas me doy cuenta, crucificado Jesús, que aún ves al Divino Padre indignado, que mira a las pobres criaturas y las ve a todas tan enfangadas de pecados y cubiertas con las más repugnantes asquerosidades, que dan asco a todo el Cielo. ¡Oh, cómo queda horrorizada la pureza de la mirada divina, casi no reconociendo como obra de sus manos santísimas a la pobre criatura! Es más, parece que sean otros tantos monstruos que ocupan la tierra y que atraen la indignación de la mirada del Padre. Pero Tú, oh Jesús mío, para aplacarlo tratas de endulzarlo cambiando sus ojos por los tuyos, haciéndoselos ver cubiertos de sangre e hinchados de lágrimas, y lloras ante la Divina Majestad para moverla a compasión por la desgracia de tantas pobres criaturas, y oigo que le dices:

"Padre mío, es cierto que la ingrata criatura cada vez más se va enfangando con pecados, hasta no merecer ya tu mirada paterna, pero mírame, oh Padre: Yo quiero llorar tanto ante ti, que forme un baño de lágrimas y de sangre para lavar todas las inmundicias con que se han cubierto las criaturas. Padre mío, ¿querrás acaso Tú rechazarme? ¡No, no puedes; soy tu Hijo! Y a la vez que soy tu Hijo soy también la Cabeza de todas las criaturas, y ellas son mis miembros. ¡Salvémoslas, oh Padre, salvémoslas!"

Jesús mío, amor sin fin, quisiera tener tus ojos para llorar ante la Majestad Suprema por la pérdida de tantas pobres criaturas y por estos tiempos tan tristes. Permíteme que tome tus lágrimas y tus mismas miradas, que son una con las mías, y recorra todas las criaturas. Y para moverlas a compasión por sus almas y por tu amor, les haré ver que Tú lloras por su causa y que, mientras se van enfangando, Tú tienes preparadas tus lágrimas y tu sangre para lavarlas, y así, al verte llorar, se rendirán. Ah, con estas lágrimas tuyas, permíteme que lave todas las inmundicias de las criaturas; que haga descender estas lágrimas a sus corazones y ablande a tantas almas endurecidas en el pecado, venza la obstinación de los corazones y haga penetrar en ellos tus miradas, haciéndoles levantar al Cielo sus miradas para amarte y para que no las dejen más vagar sobre la tierra para ofenderte. Así, el Divino Padre no desdeñará mirar a la pobre humanidad.

Crucificado Jesús, veo que el Divino Padre aún no se aplaca en su indignación, porque mientras su paterna bondad, movida por tanto amor a la pobre criatura -amor que ha llenado Cielo y tierra de tantas pruebas de amor y de beneficios hacia ella, tantas que se puede decir que en cada paso y acto de la criatura se siente correr el amor y las gracias de ese Corazón Paterno, la criatura, siempre ingrata, no quiere reconocerlo, sino que le hace frente a tanto amor, llenando Cielos y tierra de insultos, de desprecios y de ultrajes, y llega a pisotearlo bajo sus inmundos pies, queriendo destruirlo si pudiera, y todo por idolatrarse a sí misma. Ah, todas esas ofensas penetran hasta en los Cielos y llegan ante la Majestad Divina, la Cual, ¡oh, cómo se indigna viendo a la vilísima criatura que llega hasta insultarla y ofenderla en todos los modos posibles!

Pero tú, oh Jesús mío, siempre atento a defendernos, con la fuerza arrebatadora de tu amor fuerzas al Padre a que mire tu santísimo rostro, cubierto de todos estos insultos y desprecios, y le dices:

"Padre mío, no rechaces a las pobres criaturas; si las rechazas a ellas, a mí me rechazas. ¡Ah, aplácate! Todas estas ofensas las tengo sobre mi rostro, que te responde por todas. Padre mío, detén tu furor contra la pobre humanidad; son ciegos y no saben lo que hacen. Por eso, mira bien cómo he quedado reducido por su causa. Si no te compadeces por la mísera humanidad, que te enternezca mi rostro lleno de salivazos, cubierto de sangre, amoratado e hinchado por tantas bofetadas y golpes como he recibido. ¡Piedad, Padre mío! Yo era el más bello de los hijos de los hombres, y ahora estoy tan desfigurado que soy irreconocible; soy oprobio para todos. ¡Por eso, a cualquier precio, quiero salva a la criatura!"

Jesús mío, ¿pero es posible que nos ames tanto? Tu amor tritura mi pobre corazón, pero queriendo seguirte en todo, déjame que tome este rostro tuyo santísimo para tenerlo en mi poder, para mostrarlo continuamente así desfigurado al Padre, con el fin de moverlo a compasión por la pobre humanidad, que está tan oprimida bajo el látigo de la divina justicia, que yace como moribunda. Y permíteme que vaya en medio de las criaturas y les haga ver tu rostro tan desfigurado por su causa, y las mueva a compasión de sus almas y de tu amor; y que con la luz que brota de ese rostro tuyo y con la fuerza arrebatadora de tu amor, les haga comprender Quién eres Tú, y quiénes son ellas, que se atreven a ofenderte, y haga resurgir sus almas de en medio de tantos pecados en que viven muertas a la gracia, y las haga postrarse a todas ante ti, en acto de adorarte y de glorificarte.

Jesús mío, Crucificado adorable, la criatura irrita siempre más a la divina justicia, y hace resonar con su lengua el eco de blasfemias horrendas, voces de imprecaciones y maldiciones, y conversaciones malas. ¡Ah, todas estas voces de las criaturas ensordecen la tierra y, penetrando hasta en los Cielos, mientras ensordecen el oído divino, imprecan y piden venganza y justicia contra sí mismas! ¡Oh, cómo se siente empujada la divina justicia a descargar sus flagelos! ¡Oh, cómo tantas blasfemias horrendas encienden su furor contra la criatura! Pero Tú, oh Jesús mío, amándonos con sumo amor, haces frente a estas voces mortíferas con tu voz omnipotente y creadora, y gritas misericordia, gracias, amor para la criatura. Y para aplacar la indignación de tu Padre, todo amor, le dices: "Padre mío, mírame de nuevo; no escuches las voces de las criaturas, sino la mía. Soy Yo quien te da satisfacción por todas; por eso te ruego que mires a la criatura en mí, pues, si la miras fuera de mí, ¿qué será de ella? Es débil, ignorante, capaz sólo de hacer el mal, llena de todas las miserias. ¡Piedad, piedad de la pobre criatura! Yo te respondo por ella, con mi lengua amargada por la hiel, reseca por la sed y quemada y abrasada por el amor". Amargado Jesús mío, mi voz en la tuya también quiere hacer frente a todas estas ofensas. Déjame que tome tu lengua, tus labios, y que recorra todas las criaturas y toque sus lenguas con la tuya, para que sintiendo ellas en el momento de ofenderte la amargura de la tuya, no vuelvan a blasfemar, y aunque no fuera por amor, al menos por la amargura que sientan; déjame que toque sus labios con los tuyos a fin de que, haciéndoles sentir en sus labios el fuego de la culpa, y haciendo resonar tu voz omnipotente en todos los pechos, pueda detener la corriente de todas las voces malas y cambiar a todas las voces humanas en voces de bendiciones y alabanzas.

Crucificado Jesús mío, ante tanto amor y dolor tuyo, la criatura no se rinde aún; es más, despreciándote, va añadiendo pecados y pecados, cometiendo enormes sacrilegios, homicidios, suicidios, fraudes, engaños, crueldades y traiciones. Ah, todas estas obras malas hacen más pesados los brazos de tu Padre Celestial, que no pudiendo sostener su peso, está a punto de dejarlos caer, haciendo llover sobre la tierra cólera y destrucción. Y Tú, oh Jesús mío, para librar a la criatura de la cólera divina, temiendo ver a la criatura destruída, tiendes tus brazos al Padre, lo desarmas e impides a la divina justicia que siga su curso. Y para moverlo a compasión por la mísera humanidad y enternecerlo, con la voz más conmovedora le dices:

"Padre mío, mira mis manos desgarradas y estos clavos que me las traspasan, que me tienen clavado junto con todas estas obras malas. Ah, en estas manos siento todos los dolores que me dan todas estas obras malas. ¿No estás contento, oh Padre mío, con mis dolores? ¿No son, acaso, capaces de satisfacerte? Ah, estos brazos míos, descoyuntados y descarnados, sean para siempre cadenas que tengan atadas a todas las pobres criaturas a fin de que ninguna escape de mí, sólo la que quisiera desprenderse de mí a viva fuerza; y estos brazos míos sean las cadenas amorosas que te aten también a ti, Padre mío, para impedir que destruyas a la pobre criatura; más aún, te atraigan siempre más hacia ella para que derrames abundantemente sobre ella tus gracias y tus misericordias."

Jesús mío, tu amor es un dulce encanto para mí, y me mueve a hacer todo lo que haces Tú; por eso, dame tus brazos, pues quiero impedir junto contigo, a costa de cualquier pena, que intervenga la justicia divina contra la pobre humanidad. Con la sangre que escurre de tus manos, quiero extinguir el fuego de la culpa, que enciende a la justicia divina, y aplacar su furor; y para mover al Padre a más piedad por las criaturas, permíteme que ponga en tus brazos muchos miembros destrozados, los gemidos de tantos pobres heridos, tantos corazones doloridos y oprimidos, y déjame que recorra todas las criaturas y las estreche a todas en tus brazos para que todas vuelvan a tu Corazón. Permíteme que, con la potencia de tus manos creadoras, detenga la corriente de tantas obras malas y pecaminosas e impida a todos hacer el mal.

Amable Jesús mío crucificado, la criatura no está aún satisfecha de ofenderte; quiere beber hasta el fondo todas las heces del pecado, y corre como enloquecida por el camino del mal; se precipita cada vez más, de pecado en pecado, desobedece y desconoce tus leyes, y desconociéndote a ti, se rebela más contra ti, y casi sólo por darte dolor, quiere irse al infierno. ¡Oh, cómo se indigna la Majestad Suprema! Y Tú, oh Jesús mío, triunfando sobre todo, hasta sobre la obstinación de las criaturas, para aplacar al Divino Padre le muestras toda tu Santísima Humanidad, lacerada, descoyuntada, descarnada y destrozada en modo horrible, y tus santísimos pies, traspasados, en los que contienes todos los pasos de las criaturas, que te dan dolores de muerte, y que se han deformado por la atrocidad de los dolores; y oigo tu voz, más que nunca conmovedora, como a punto de extinguirse, que a fuerza de amor y de dolor quiere vencer a la criatura y triunfar sobre el Corazón del Padre, diciendo:

"Padre mío, mírame de la cabeza a los pies: no hay parte sana en mí. Ya no tengo dónde hacerme abrir nuevas llagas y procurarme otros dolores. Si no te aplacas ante este espectáculo de amor y de dolor, ¿quién va a poder aplacarte? ¡Oh criaturas!, si no os rendís ante tanto amor, ¿qué esperanza de conversión os queda? Estas llagas mías y esta sangre mía sean siempre voces que hagan descender del Cielo a la tierra gracias de arrepentimiento, de perdón y de compasión hacia la pobre humanidad."

Jesús mío, te veo en estado de violencia para aplacar al Padre y para vencer a la pobre criatura; por lo cual, permíteme que tome tus santísimos pies y vaya a todas las criaturas y ate sus pasos a tus pies para que, si quieren caminar por el camino del mal, sintiendo las ataduras que has puesto entre Tú y ellas, no puedan. Ah, con estos pies tuyos, hazlas retroceder del camino del mal y ponlas en el sendero del bien, haciéndolas más dóciles a tus leyes; y con tus clavos, cierra el infierno para que nadie más caiga en él.

Jesús mío, amante crucificado, veo que ya no puedes más. La tensión terrible que sufres sobre la cruz, el continuo moverse de tus huesos, que cada vez se dislocan más a cada pequeño movimiento tuyo, las carnes que cada vez se abren más, las repetidas ofensas que te añaden, repitiéndote una pasión y muerte más dolorosa, la sed ardiente que te consume, las penas interiores que te ahogan de amargura, de dolor y de amor, y en tantos martirios tuyos, la ingratitud humana que te hace frente y que penetra como una ola impetuosa hasta dentro de tu Corazón traspasado, ay, te aplastan de tal manera que tu Santísima Humanidad, no resistiendo bajo el peso de tantos martirios, está a punto de sucumbir y, como delirando por el amor y por el sufrimiento, suplica ayuda y piedad.

Crucificado Jesús. ¿Será posible que Tú, que riges todo y das vida a todos, pidas ayuda? ¡Ah, cómo quisiera penetrar en cada gota de tu sangre y derramar la mía, para endulzarte cada llaga, para mitigar el dolor de cada espina y hacer menos dolorosas sus punzadas, y para aliviar en cada pena interior de tu Corazón la intensidad de tus amarguras! Quisiera darte vida por vida y, si me fuera posible, quisiera desclavarte de la cruz para sustituirte. Pero veo que soy nada y que nada puedo; soy demasiado insignificante. Por eso, dame a ti mismo; tomaré vida en ti, y te daré a ti mismo; sólo así mis ansias quedarán satisfechas.

Destrozado Jesús, veo que tu Santísima Humanidad se agota para dar, en todo, cumplimiento a nuestra redención. Tienes necesidad de ayuda, pero de ayuda divina, y por eso te arrojas en los brazos del Padre y le pides ayuda y piedad. ¡Oh, cómo se enternece el Divino Padre mirando la horrenda destrucción de tu Santísima Humanidad, la terrible obra que el pecado ha hecho en tus sagrados miembros! Y Él, para satisfacer tus ansias de amor, te estrecha a su Corazón paterno y te da los auxilios necesarios para dar cumplimiento a nuestra redención. Y mientras te estrecha, en tu Corazón sientes más fuertemente repetirse los martillazos y los clavos, los rayos de los flagelos, el abrirse las llagas, las punzadas de las espinas. ¡Oh, cómo queda conmovido el Padre! ¡Cómo se indigna, viendo que todas estas penas te las dan en tu Corazón hasta las almas a ti consagradas! Y en su dolor te dice:

"¿Pero es posible, Hijo mío, que ni siquiera la parte por ti elegida esté contigo? Al contrario, parece que sean almas que piden refugio y quedar ocultas en este Corazón tuyo para amargarte y darte una muerte más dolorosa, y, lo que es peor, todos estos dolores que te dan, van ocultos y cubiertos con hipocresías. ¡Ah, Hijo, no puedo contener más mi indignación por la ingratitud de estas almas, que me dan más dolor que las de todas las demás criaturas juntas!"

Pero Tú, oh Jesús mío, triunfando en todo, defiendes a estas almas y, con el amor inmenso de tu Corazón, das reparación por las oleadas de amarguras y de heridas mortales que estas almas te envían; y para aplacar al Padre, le dices:

"Padre mío, mira mi Corazón: Que todos estos dolores te satisfagan, y por cuanto más amargos, tanto más potentes sean sobre tu Corazón de Padre, para obtenerles gracia, luz y perdón. Padre mío, no las rechaces: Ellas serán mis defensoras y continuarán mi vida sobre la tierra."

"Oh Padre mío amorosísimo, considera que si bien mi Humanidad ha llegado ahora al colmo de sus sufrimientos, también este Corazón mío estalla por las amarguras y por las íntimas penas e inauditos tormentos que he sufrido a lo largo de casi 34 años, desde el primer instante de mi encarnación. Tú conoces, oh Padre, la intensidad de estas penas interiores, tan dolorosas que habrían sido capaces de hacerme morir a cada momento de puro dolor si nuestra omnipotencia no me hubiera sostenido para prolongar mi padecer hasta esta extrema agonía. Ah, si todas las penas de mi Santísima Humanidad, que te he ofrecido hasta ahora para aplacar tu justicia sobre todos y para atraer sobre todos tu misericordia triunfadora, no te bastan, ahora de un modo particular Yo te presento, por las faltas y los extravíos de las almas consagradas a Nosotros, este Corazón mío, despedazado, oprimido y triturado, pisoteado en el lagar de todos los instantes de mi vida mortal. Ah, observa, Padre mío, que éste es el Corazón que te ha amado con infinito amor, que siempre ha vivido abrasado de amor por mis hermanos, hijos tuyos en mí. Éste es el Corazón generoso con el que he anhelado sufrir para darte la completa satisfacción por todos los pecados de los hombres. Ten piedad de sus desolaciones, de su continuo penar, de sus tedios, de sus angustias, de sus tristezas hasta la muerte. ¿Acaso ha habido, oh Padre mío, un solo latido de mi Corazón que no haya buscado tu gloria, aun a costa de penas y de sangre, y la salvación de todos mis hermanos? ¿No han salido de este Corazón mío, siempre oprimido, las ardientes súplicas, los gemidos, los suspiros y los clamores con los que, durante casi 34 años, he llorado y clamado misericordia en tu presencia? Tú me has escuchado, oh Padre mío, una infinidad de veces y por una infinidad de almas, y te doy gracias infinitas, pero mira, oh Padre mío, cómo mi Corazón no puede calmarse en sus penas, aun por una sola alma que haya de escapársele a su amor, porque Nosotros amamos a un alma sola tanto como a todas las almas juntas. ¿Y se dirá que habré de dar el último respiro sobre este doloroso patíbulo, viendo perecer miserablemente incluso almas consagradas a Nosotros? Yo estoy muriendo en un mar de angustias, por la iniquidad y por la pérdida eterna del pérfido Judas, que me fue tan duro e ingrato que rechazó todas mis amorosas y delicadas finuras, y al que Yo le hice tanto bien que llegué a hacerlo Sacerdote y Obispo, como a los demás Apóstoles míos. ¡Ah, Padre mío, baste este abismo de penas, baste! ¡Oh, cuántas almas veo, elegidas por nosotros a esta vocación sagrada, que quieren imitar a Judas! Unas más, unas menos. ¡Ayúdame, Padre mío, ayúdame; no puedo soportar todas estas penas! ¡Mira si hay una fibra en mi Corazón, una sola fibra, que no esté más atormentada que todos los destrozos de mi cuerpo divino! ¡Mira si toda la sangre que estoy derramando no brote, más que de mis llagas, de mi Corazón, que se deshace de amor y de dolor! Piedad, Padre mío, piedad; no para mí, que quiero sufrir y padecer hasta lo infinito por las pobres criaturas, sino piedad de todas las almas, especialmente de las llamadas a ser mis Esposas, a ser mis sacerdotes. Escucha, oh Padre, mi Corazón, que sintiendo que le falta la vida, acelera sus encendidos latidos y grita: ¡Padre mío, por mis innumerables penas te pido gracias eficaces de arrepentimiento y de verdadera conversión para todas estas infelices almas; que ninguna se pierda! ¡Tengo sed, Padre mío, tengo sed de todas las almas, pero especialmente de éstas; tengo sed de sufrir más por cada una de estas almas! Siempre he hecho tu Voluntad, Padre mío, y ahora, ésta es mi Voluntad, que es también la tuya, iah, haz que sea cumplida perfectamente por amor a mí, tu Hijo amadísimo, en quien has encontrado todas tus complacencias!"

Oh Jesús mío, me uno a tus súplicas, a tus padecimientos, a tu amor penante. Dame tu Corazón para que sienta tu misma sed por las almas consagradas a ti y te restituya el amor y los afectos de todas. Permíteme ir a todas y llevarles tu Corazón, para que a su contacto se enfervoricen las frías, se conmuevan las tibias, se sientan llamar de nuevo las extraviadas y lleguen a ellas de nuevo las gracias que han rechazado. Tu Corazón está sofocado por el dolor y por la amargura, al ver incumplidos, por su falta de correspondencia, tantos designios que tenías sobre ellas, y al ver a tantas otras almas, que deberían tener vida y salvación por medio de aquéllas, que sufren las tristes consecuencias. Por eso, quiero mostrarles tu Corazón, tan amargado por su causa, y arrojar en ellas dardos de fuego de tu Corazón; quiero hacer que escuchen tus súplicas y todos tus padecimientos por ellas, y así no será posible que no se rindan a ti; de este modo volverán arrepentidas a tus pies y tus designios amorosos sobre ellas, se verán cumplidos; estarán en torno a ti y en ti, no ya para ofenderte, sino para repararte y para consolarte y defenderte.

Crucificado Jesús, Vida mía, veo que continúas agonizando en la cruz, pero que tu amor no está aún satisfecho y que quieres dar cumplimiento a todo. También yo agonizo contigo, y llamo a todos: "iÁngeles, santos, venid al Calvario a contemplar los excesos y las locuras de amor de un Dios! Besemos sus llagas sangrantes, adorémoslas; sostengamos esos miembros lacerados, y agradezcamos a Jesús por nuestra Redención. Mirad también a la traspasada Mamá, que tantas penas y muertes siente en su Corazón Inmaculado, por cuantas penas ve en su Hijo y Dios; sus mismos vestidos están llenos de sangre, sangre que está derramada por todo el Calvario, y nosotros, todos juntos, tomemos esta sangre, suplicando a la dolorida Mamá que se una a nosotros, y recorramos todo el mundo yendo en ayuda de todos; socorramos a los que están en peligro de muerte, para que no perezcan; a los caídos en el pecado, para que se levanten de nuevo, y a aquéllos que están por caer, para que no caigan. Demos esta sangre a tantos pobres ciegos para que en ellos resplandezca la luz de la verdad; vayamos especialmente en medio de los pobres combatientes y seamos para ellos vigilantes centinelas, y si van a caer alcanzados por las balas, recibámoslos en nuestros brazos para confortarlos; si se ven abandonados por todos, o si están impacientes por su triste suerte, démosles esta sangre para que se resignen y se mitigue la atrocidad de sus dolores. Y si vemos que hay almas a punto de caer en el infierno, démosles esta sangre divina, que contiene el precio de la Redención, para arrebatárselas a Satanás. Y mientras tengo a Jesús estrechado a mi corazón para tenerlo defendido de todo y reparado por todo, estrecharé a todos a este Corazón a fin de que todos puedan obtener gracias eficaces de conversión, de fuerza y de salvación."

Oh Jesús, veo que la sangre te chorrea de tus manos y de tus pies. Los ángeles, llorando y haciéndote corona, admiran los portentos de tu inmenso amor. Veo, al pie de la cruz, a tu dulce Mamá, traspasada por el dolor, a tu amada Magdalena, a tu predilecto Juan, todos petrificados, en un éxtasis de estupor, de amor y de dolor. Oh Jesús, me uno a ti y me estrecho a tu cruz, tomo toda tu sangre y la derramo en mi corazón. Y cuando vea tu justicia irritada contra los pecadores, para aplacarla le mostraré esta sangre. Cuando quiera la conversión de almas obstinadas en el pecado, te mostraré a ti esta sangre y, en virtud de ella, no podrás rechazar mi plegaria, porque en mis manos tengo ya la prenda para ser escuchada.

Y ahora, Crucificado Bien mío, en nombre de todas las generaciones, pasadas, presentes y futuras, junto con nuestra Mamá y con todos los ángeles, me postro profundamente ante ti, diciéndote: "Te adoramos, oh Cristo, y te bendecimos, porque por tu Santa Cruz has redimido al mundo."

De las 12 a la 1 de la tarde
VIGÉSIMA HORA
Primera hora de agonía en la Cruz

La Primera Palabra

Crucificado Bien mío, te veo sobre la cruz como en tu trono de triunfo, en acto de conquistar todo y a todos los corazones, y de atraerlos tanto a ti, que todos puedan sentir tu sobrehumano poder. La naturaleza, horrorizada ante tan gran delito, se postra ante ti y en silencio espera una palabra tuya para honrarte y hacer que tu dominio sea reconocido. El sol, lloroso, retira su luz, no pudiendo sostener tu vista, demasiado dolorosa. El infierno siente terror y, silencioso, espera. De modo que todo es silencio.

Tu traspasada Mamá, tus fieles, permanecen todos mudos y petrificados ante la vista, ay, demasiado dolorosa, de tu destrozada y descoyuntada Humanidad, y silenciosos, esperan también una palabra tuya. Tu misma Humanidad, que yace en un mar de dolores entre los atroces espasmos de la agonía, permanece silenciosa, de modo que se teme que de un respiro a otro Tú mueras. ¿Qué más? Los mismos pérfidos judíos, los despiadados verdugos, que hasta hace poco te ultrajaban y te escarnecían llamándote impostor y malhechor, los mismos ladrones que te blasfemaban, todos callan, enmudecen. El remordimiento los invade, y si algún insulto se esfuerzan por lanzarte, se les muere en los labios.

Pero penetrando en tu interior, veo que tu amor rebosa, te inunda y no puedes contenerlo, y obligado por tu amor, que te atormenta más que las mismas penas, con voz fuerte y conmovedora hablas como el Dios que eres, levantas tus ojos agonizantes al Cielo y exclamas: "¡Padre, perdónalos, porque no saben lo que hacen!" Y de nuevo te quedas en silencio, inmerso en penas inauditas.

Crucificado Bien mío, ¿es posible tanto amor? ¡Ah, después de tantas penas e insultos, la primera palabra es de perdón, y nos excusas ante el Padre, por tantos pecados! Ah, esta palabra la haces descender en cada corazón después de la culpa, y Tú eres el primero en ofrecer el perdón. Pero cuántos lo rechazan y no lo aceptan, y entonces tu amor delira, porque Tú quieres dar a todos el perdón y el beso de paz.

A esta palabra tuya, tiembla el infierno y te reconoce como Dios. La naturaleza y todos quedan atónitos y reconocen tu Divinidad, tu inextinguible amor, y silenciosos, esperan para ver hasta dónde llega. Y no sólo tu voz, sino también tu sangre y tus llagas gritan a cada corazón, después del pecado: "Ven a mis brazos, que te perdono, y el sello del perdón es el precio de mi sangre."

Oh amable Jesús mío, repite de nuevo esta palabra a cuantos pecadores hay en el mundo. Implora misericordia para todos, aplica los méritos infinitos de tu preciosísima sangre a todos. Oh buen Jesús, continúa aplacando a la divina justicia y concede la gracia a quien, hallándose en el momento de tener que perdonar, no siente la fuerza.

Jesús mío, Crucificado adorado, en estas tres horas de amarguísima agonía Tú quieres dar cumplimiento a todo, y mientras permaneces silencioso en la cruz, veo que en tu interior quieres satisfacer en todo y por todo al Padre. Por todos le agradeces, por todos lo satisfaces, por todos pides perdón, y para todos impetras la gracia de que ya nunca más te ofendan. Y para obtener esto del Padre, recapitulas toda tu vida, desde el primer instante de tu Concepción hasta tu último respiro. Jesús mío, Amor interminable, déjame que también yo recapitule toda tu vida junto contigo y con la inconsolable Mamá, San Juan y las piadosas mujeres.

Dulce Jesús mío, te doy las gracias por las muchas espinas que han traspasado tu adorable cabeza, por las gotas de sangre que de ellas has derramado, por los golpes que en ella has recibido y por los cabellos que te han arrancado. Y te doy las gracias por todo el bien que has hecho e impetrado para todos, por las luces y las buenas inspiraciones que a todos nos has dado, y por cuantas veces has perdonado todos nuestros pecados de pensamiento: pecados de soberbia, de orgullo y de estima propia. Te pido perdón en nombre de todos, oh Jesús mío, por cuantas veces te hemos coronado de espinas, por cuantas gotas de sangre te hemos hecho derramar de tu santísima cabeza y por todas las veces que no hemos correspondido a tus inspiraciones. Por todos estos dolores que has sufrido, te suplico, oh Jesús, la gracia de no volver a cometer nunca más pecados de pensamiento. Quiero, además, ofrecerte todo lo que Tú mismo sufriste en tu santísima cabeza, para darte toda la gloria que todas las criaturas te habrían dado si hubieran hecho buen uso de su inteligencia.

Adoro, oh Jesús mío, tus santísimos ojos, y te doy las gracias por todas las lágrimas y la sangre que han derramado, por las crueles punzadas de las espinas, por los insultos, mofas y escarnios soportados durante toda tu Pasión. Te pido perdón por todos los que se sirven de la vista para ofenderte y ultrajarte, suplicándote, por los dolores sufridos en tus santísimos ojos, que nos concedas la gracia de que nadie más te ofenda con malas miradas. Y quiero ofrecerte todo lo que Tú mismo padeciste en tus santísimos ojos, para darte toda la gloria que las criaturas te habrían dado si sus miradas hubieran estado fijas sólamente en el Cielo, en la Divinidad y en ti, Jesús mío.

Adoro tus santísimos oídos, y te doy las gracias por todo lo que sufriste mientras aquellos verdugos te aturdían con gritos e injurias, estando sobre el Calvario. Te pido perdón, en nombre de todos, por cuantas malas conversaciones se escuchan, y te ruego que los oídos de todos los hombres se abran a las verdades eternas, a las voces de la gracia, y que ninguno más te ofenda con el sentido del oído. Y quiero ofrecerte igualmente todo lo que Tú mismo sufriste en tus santísimos oídos, para darte toda la gloria que las criaturas te habrían dado si hubieran hecho siempre santo uso de este sentido.

Adoro y beso tu santísimo rostro, oh Jesús mío, y te doy las gracias por cuanto sufriste por los salivazos, por las bofetadas y por las burlas recibidas y por todas las veces que te dejaste pisotear por tus enemigos. Te pido perdón, a nombre de todos, por cuantas veces se tiene la osadía de ofenderte, suplicándote, por estas bofetadas y salivazos recibidos, que hagas que tu Divinidad sea por todos reconocida, alabada y glorificada. Es más, oh Jesús mío, quiero ir yo misma por todo el mundo, de oriente a occidente y de norte a sur, para unir a todas las voces de las criaturas y convertirlas en otros tantos actos de alabanza, de amor, de adoración. Y quiero, oh Jesús mío, traer a ti todos los corazones de las criaturas para que puedas derramar en todos, luz, verdad, amor y compasión de tu Divina Persona; y mientras das el perdón a todos, te ruego que no permitas que ninguno más te ofenda, y si fuera posible, aun a costa de mi sangre. Quiero ofrecerte todo lo que Tú mismo sufriste en tu santísimo rostro, para darte toda la gloria que las criaturas te habrían dado si ninguna se hubiera atrevido a ofenderte.

Adoro tu santísima boca, y te doy las gracias por tus primeros llantos, por la leche que mamaste, por todas las palabras que dijiste, por cuantos besos encendidos de amor diste a tu Santísima Madre, por el alimento que tomaste, por la amargura de la hiel, por la sed ardiente que padeciste en la cruz y por las plegarias que elevaste al Padre. Y te pido perdón por cuantas murmuraciones y conversaciones pecaminosas y mundanas se hacen y por cuantas blasfemias son pronunciadas por las criaturas. Quiero ofrecerte además todas tus santas palabras, en reparación por sus palabras no buenas. Quiero ofrecerte la mortificación de tu gusto para reparar sus gulas y todas las ofensas que se te hacen con el mal uso de la lengua. Y quiero ofrecerte todo lo que Tú mismo sufriste en tu santísima boca, para darte toda la gloria que las criaturas te habrían dado si ninguna hubiera osado ofenderte con el sentido del gusto y abusado de la lengua.

Oh Jesús, te doy las gracias por todo y a nombre de todos. A ti elevo un himno de agradecimiento eterno e infinito. Quiero ofrecerte, oh Jesús mío, todo lo que has sufrido en tu santísima Persona, para darte toda la gloria que te habrían dado todas las criaturas si hubieran uniformado su vida a la tuya.

Te doy las gracias, oh Jesús, por todo lo que has sufrido en tus santísimos hombros, por cuantos golpes has recibido, por cuantas llagas te has dejado abrir en tu santísimo cuerpo y por cuantas gotas de tu sangre has derramado. Te pido perdón en nombre de todos, por todas las veces en que, por amor a las comodidades, te han ofendido con placeres ilícitos y pecaminosos. Te ofrezco tu dolorosa flagelación para reparar por todos los pecados cometidos con todos los sentidos, por el amor a los propios gustos, a los placeres sensibles, al propio "yo" y a todas las satisfacciones naturales. Quiero también ofrecerte todo lo que has sufrido en tus hombros, para darte toda la gloria que las criaturas te habrían dado si en todo hubieran tratado de agradarte sólo a ti y de refugiarse a la sombra de tu divina protección.

Jesús mío, beso tu pie izquierdo, y te doy las gracias por todos los pasos que diste en tu vida mortal y por cuantas veces cansaste tus santos miembros para ir en busca de almas para conducirlas a tu Corazón, y te ofrezco, oh Jesús mío, todas mis acciones, mis pasos y movimientos, con la intención de ofrecerte reparación por todo y por todos. Te pido perdón por todos aquéllos que no obran con recta intención. Uno mis acciones a las tuyas para que las mías sean divinizadas por las tuyas, y te las ofrezco unidas a todas las obras que hiciste con tu Santísima Humanidad, para darte toda la gloria que te habrían dado todas las criaturas si hubieran obrado santamente y con fines rectos.

Jesús mío, beso tu pie derecho, y te doy las gracias por todo cuanto has sufrido y sufres por mí, especialmente en esta hora en que estás suspendido en la cruz. Te doy las gracias por el desgarrador trabajo que hacen los clavos en tus llagas, las cuales se rasgan cada vez más, con el peso de tu santísimo cuerpo. Te pido perdón por todas las rebeliones y desobediencias que cometen las criaturas, ofreciéndote los dolores de tus pies santísimos en reparación por estas ofensas, para darte toda la gloria que las criaturas te habrían dado si en todo se hubieran mantenido sujetas a ti.

Oh Jesús mío, beso tu santísima mano izquierda, y te doy las gracias por todo lo que has sufrido por mí, y por cuantas veces has aplacado a la divina justicia satisfaciendo por todos.

Beso tu mano derecha, y te doy las gracias por todo el bien que has obrado y que obras para todos; especialmente te doy las gracias por las obras de la Creación, de la Redención y de la Santificación. En nombre de todos te pido perdón por cuantas veces hemos sido ingratos a tus beneficios, y por tantas obras nuestras hechas sin la recta intención. Y en reparación por todas estas ofensas, quiero ofrecerte toda la perfección y la santidad de tus obras, para darte toda esa gloria que las criaturas te habrían dado si hubieran correspondido a todos esos beneficios.

Oh Jesús mío, beso tu Santísimo Corazón, y te doy las gracias por todo lo que has sufrido, deseado y celosamente anhelado por amor a todos y a cada uno en particular. Y te pido perdón por tantos deseos malos, y por los afectos y tendencias no buenos. Perdón, oh Jesús, por tantos que posponen tu amor al amor de las criaturas. Y para darte toda la gloria que todos te hemos negado, te ofrezco todo lo que ha hecho y lo que continúa haciendo tu adorabilísimo Corazón.

Segunda Hora de agonía en la Cruz

Segunda Palabra

Crucificado Amor mío, mientras oro contigo, la fuerza raptora de tu amor y de tus penas mantiene mi mirada fija en ti, pero el corazón se me rompe viéndote sufrir tanto. Tú deliras de amor y de dolor, y las llamas que abrasan tu Corazón se elevan tanto que están en acto de reducirte a cenizas. Tu amor reprimido es más fuerte que la misma muerte, y Tú, queriendo desahogarlo, mirando al ladrón que está a tu derecha, se lo robas al infierno, con tu gracia le tocas el corazón, y ese ladrón se siente todo cambiado, te reconoce y te confiesa como Dios, y lleno de contrición, te dice: "Señor, acuérdate de mí cuando estés en tu reino", y Tú no vacilas en responderle: "Hoy estarás conmigo en el Paraíso", y haces de él el primer triunfo de tu amor.

Pero veo que en tu amor no sólamente al ladrón le robas el corazón, sino también a muchos moribundos. Ah, Tú pones a su disposición tu sangre, tu amor y tus méritos, y usas todos los artificios y estratagemas divinos para tocarles el corazón y robarlos todos para ti. Pero también aquí tu amor se ve contrariado. ¡Cuántos rechazos, cuántas desconfianzas, cuántas desesperaciones! Y es tan grande tu dolor, que de nuevo te reduce al silencio.

Quiero reparar, oh Jesús mío, por aquéllos que desesperan de la divina misericordia en el momento de la muerte. Dulce Amor mío, inspírales a todos fe y confianza ilimitada en ti, especialmente a aquellos que se encuentran entre las angustias de la agonía, y en virtud de esta palabra tuya, concédeles luz, fuerza y ayuda para poder morir santamente y volar de la tierra al Cielo. En tu santísimo cuerpo, en tu sangre, en tus llagas, contienes a todas las almas, a todas, oh Jesús, así pues, por los méritos de tu preciosísima sangre, no permitas que ni siquiera una sola alma se pierda. Que también hoy, tu sangre, unida a tu voz, les grite a todas: "Hoy estaréis conmigo en el Paraíso."

Tercera Palabra.

Crucificado Jesús mío, tus penas aumentan cada vez más. Ah, sobre esta cruz Tú eres el verdadero Rey de los dolores, y en medio de tantas penas no se te escapa ningún alma, sino que le das tu propia vida a cada una. Pero tu amor se ve contrariado por las criaturas, despreciado, no tomado en cuenta, y al no poder desahogarse, se hace cada vez más intenso y te da torturas indecibles, y en estas torturas va ideando qué más puede dar al hombre para vencerlo, y te hace decir: "¡Mira, oh alma, cuánto te he amado! ¡Si no quieres tener piedad de ti misma, ten piedad al menos de mi amor!"

Entre tanto, viendo que ya no tienes nada más que darle, habiéndole dado todo, vuelves tu débil mirada hacia tu Mamá; también Ella está más que agonizante por causa de tus penas, y es tan grande el amor que la tortura, que la tiene crucificada a la par contigo. Madre e Hijo os comprendéis. Entonces Tú suspiras con satisfacción y te consuelas viendo que puedes dar tu Mamá a la criatura, y considerando en Juan a todo el género humano, con voz tan tierna que enternece a todos los corazones, dices: "Mujer, he ahí a tu hijo", y a Juan: "He ahí a tu Madre."

Tu voz desciende en su Corazón materno y, juntamente con las voces de tu sangre, continúas diciéndole: "Madre mía, te confío a todos mis hijos. Todo el amor que sientes por mí, siéntelo por ellos; todos tus cuidados y ternuras maternas sean también para mis hijos. Tú me los salvarás a todos."

La Mamá acepta. Pero son tan intensas tus penas, que de nuevo te reducen al silencio.

Oh Jesús mío, quiero reparar por las ofensas que se le hacen a la Santísima Virgen, por las blasfemias e ingratitudes de tantos que no quieren reconocer los beneficios que nos has hecho a todos dándonosla por Madre. ¿Cómo podremos agradecerte este beneficio tan grande? Recurrimos a tu misma fuente, oh Jesús, y te ofrecemos tu misma sangre, tus llagas y el amor infinito de tu Corazón.

Oh Virgen Santísima, ¿Cuál no es tu conmoción al oír la voz del Buen Jesús, que te deja como Madre de todos nosotros? Yo te doy las gracias, Virgen bendita, y para agradecerte como mereces, te ofrezco la misma gratitud de tu Jesús. Oh dulce Mamá, sé Tú nuestra Madre, tómanos a tu cargo y no dejes que jamás te ofendamos en lo más mínimo; tennos siempre estrechados a Jesús y con tus manos átanos a todos, a todos a Él, de modo que nunca más podamos huir de Él. Con tus mismas intenciones quiero reparar por todas las ofensas que se hacen a tu Jesús y a ti, dulce Mamá mía.

Oh Jesús mío, mientras sigues sumergido en tantas penas, abogas aún más por la causa de la salvación de las almas, y yo, por mi parte, no me quedaré indiferente, sino que, cual paloma, quiero levantar el vuelo sobre tus llagas, besarlas, curarlas y sumergirme en tu sangre para poder decir junto contigo: "¡Almas, almas!" Y quiero sostener tu cabeza traspasada y dolorida para repararte y pedirte misericordia, amor y perdón para todas.

Oh Jesús mío, reina en mi mente y sánala por medio de las espinas que traspasan tu cabeza y no permitas que ninguna turbación penetre en mí. Frente majestuosa de mi Jesús, te beso: atrae todos mis pensamientos para que te contemplen y te comprendan. Ojos dulcísimos de mi Sumo Bien, aunque estén cubiertos de sangre, mírenme; miren mi miseria, mi debilidad, mi pobre corazón y háganme experimentar los admirables efectos de su mirada divina. Oídos de mi Jesús, si bien ensordecidos por los insultos y las blasfemias de los impíos, pero también atentos para escucharnos, ah, escuchen mis oraciones y no desprecien mis reparaciones. ¡Sí, oh Jesús, escucha el grito de mi corazón, que sólo se calmará cuando me lo hayas colmado de tu amor!

Rostro hermosísimo de mi Jesús, muéstrate, haz que yo te vea, para que pueda separar mi corazón de todo y de todos; que tu belleza me enamore continuamente y me tenga para siempre arrobada en ti. Boca dulcísima de mi Jesús, háblame, haz que tu voz resuene siempre en mí y que la potencia de tu palabra destruya en mí todo lo que no es Voluntad de Dios, todo lo que no es amor.

Oh Jesús, extiendo mis brazos a tu cuello para abrazarte, y Tú, extiende los tuyos para abrazarme. Ah, oh mi Bien, haz que sea tan fuerte este abrazo de amor, que ninguna fuerza humana pueda separarnos, y así, abrazados, apoyaré mi rostro sobre tu Corazón y luego, con confianza, te besaré y Tú me darás tu beso de amor. De este modo harás que respire tu aliento dulcísimo, tu amor, tu Querer, tus penas y toda tu vida divina.

Hombros santísimos de mi Jesús, siempre fuertes y constantes en sufrir por amor a mí, denme fortaleza, constancia y heroísmo para sufrir por amor a ti.

Oh Jesús, no permitas que yo sea inconstante en el amor; antes bien, particípame tu inmutabilidad.

Pecho encendido de mi Jesús, dame tus llamas; tú ya no puedes contenerlas y mi corazón las busca con ansia a través de esa sangre y de esas llagas. Son las llamas de tu amor lo que más te atormenta, oh Jesús. Oh mi dulce Bien, particípame tus llamas: ¿no te mueve a compasión una alma tan fría y tan pobre en el amor?

Manos santísimas de mi Jesús, que han creado el Cielo y la tierra, reducidas ya al grado de no poder moverse más. Oh Jesús mío, continúa tu creación: la creación del amor. Crea en todo mi ser vida nueva, vida divina; pronuncia tus palabras sobre mi pobre corazón y transfórmalo completamente en el tuyo.

Pies santísimos de mi Jesús, no me dejen nunca solo; háganme correr siempre con ustedes y que yo no dé ni un solo paso lejos de ustedes. Jesús, con mi amor y con mis reparaciones quiero darte alivio por las penas que sufres en tus santísimos pies.

Crucificado Jesús mío, adoro tu preciosísima sangre y beso, una por una, tus llagas, queriendo sepultar en ellas todo mi amor, mis adoraciones y mis más fervientes reparaciones. Que tu sangre sea, para todas las almas, luz en las tinieblas, consuelo en sus penas, fuerza en su debilidad, perdón en la culpa, ayuda en las tentaciones, defensa en los peligros, apoyo en la hora de su muerte y alas para llevarlas de esta tierra al Cielo.

Oh Jesús, vengo a ti y hago mi nido y mi morada en tu Corazón. Desde tu Corazón, dulce Amor mío, llamaré a todos para que vengan a ti, y si alguno quisiera acercarse para ofenderte, yo expondré mi pecho y no permitiré que te hiera; es más, lo encerraré en tu Corazón y le hablaré de tu amor, y haré que sus ofensas se conviertan en amor.

Oh Jesús, no permitas que yo salga jamás de tu Corazón; aliméntame con tus llamas y dame vida con tu vida, para poder amarte como Tú mismo anhelas ser amado.

Cuarta Palabra

Penante Jesús, mientras estoy estrechada y abandonada a tu Corazón, enumerando tus penas, veo que un temblor convulsivo invade tu Santísima Humanidad; tus miembros se debaten como si quisieran separarse unos de otros, y entre contorsiones, por los atroces espasmos, gritas fuertemente: "Dios mío, Dios mío, ¿por qué me has abandonado?"

Ante este grito, todos tiemblan, las tinieblas se hacen más densas, y la Mamá, petrificada, palidece y casi se desmaya. ¡Vida mía y Todo mío! ¡Jesús mío! ¿Qué veo? Ah, estás próximo a la muerte, y aun las mismas penas, tan fieles a ti, están ya por dejarte. Y entre tanto, después de sufrir tanto, ves con inmenso dolor que no todas las almas están incorporadas en ti; por el contrario, ves que muchas se perderán, y sientes su dolorosa separación porque se separan de tus miembros. Y debiendo satisfacer a la divina justicia también por ellas, sientes la muerte de cada una y hasta las mismas penas que sufrirán en el infierno, y gritas con fuerza a todos los corazones: "¡No me abandonéis! Si queréis que sufra más penas, estoy dispuesto, pero no os separéis de mi Humanidad. ¡Éste es el dolor de los dolores! ¡Ésta es la muerte de las muertes! ¡Todo lo demás me sería nada si no sufriera vuestra separación de mí! ¡Ah, piedad de mi sangre, de mis llagas, de mi muerte! Este grito será continuo en vuestros corazones: ¡Ah, no me abandonéis!"

Amor mío, cuánto me duelo junto contigo. Tú jadeas. Tu santísima cabeza cae ya sobre tu pecho; la vida te abandona. Amor mío, me siento morir. También yo quiero gritar contigo: ¡Almas, almas! No me separaré de esta cruz y de estas llagas, para pedirte almas; y si Tú quieres, descenderé a los corazones de las criaturas y los rodearé con tus penas para que no se me escapen, y si me fuese posible, quisiera ponerme a la puerta del infierno para hacer retroceder a las almas que quieren ir ahí, y conducirlas a tu Corazón.

Pero Tú agonizas y callas, y yo lloro tu cercana muerte. Oh Jesús mío, te compadezco, estrecho tu Corazón fuertemente al mío, lo beso, y lo miro con toda la ternura de que soy capaz, y para darte un alivio mayor, hago mía la ternura divina y con ella quiero compadecerte, convertir mi corazón en un río de dulzura y derramarlo en el tuyo, para endulzar la amargura que sientes por la pérdida de las almas.

Es en verdad doloroso este grito tuyo, oh Jesús. Más que el abandono del Padre, es la pérdida de las almas que se alejan de ti, lo que hace escapar de tu Corazón este doloroso lamento.

Oh Jesús mío, aumenta en todos la gracia, para que nadie se pierda, y que mi reparación sea en favor de aquéllas almas que habrían de perderse, para que no se pierdan. Te ruego, además, oh Jesús mío, por este extremo abandono, que dés ayuda a tantas almas amantes que, por tenerlas de compañeras en tu abandono, parece que las privas de ti, dejándolas en tinieblas. Que sus penas sean, oh Jesús, como voces que llamen a todas las almas a tu lado y te alivien en tu dolor.

De las 2 a las 3 de la tarde
VIGÉSIMA SEGUNDA HORA
Tercera Hora de agonía en la cruz.
Muerte de Jesús

Quinta Palabra

Crucificado y moribundo Jesús mío, abrazada a tu cruz, siento el fuego que devora toda tu Santísima Persona. El Corazón te palpita tan fuertemente que, levantándote las costillas, te atormenta de un modo tan desgarrador y horrible que toda tu Santísima Humanidad sufre una transformación que te hace irreconocible. El amor, del que tu Corazón está inflamado, te seca y te quema todo, y Tú, no pudiendo contenerlo, sientes con fuerza el tormento, no sólo de la sed corporal, por haber derramado toda tu sangre, sino mucho más por la sed ardiente por la salvación de nuestras almas. Tú quisieras bebernos como agua, para ponernos a todos salvos dentro de ti, y por eso, reuniendo tus debilitadas fuerzas, gritas: "¡Tengo sed!"

Y ah, esta palabra la repites a cada corazón, diciéndole: "Tengo sed de tu voluntad, de tus afectos, de tus deseos, de tu amor; agua más fresca y dulce no podrías darme, que tu alma. ¡Ah, no dejes que me abrase! Tengo una sed ardiente, por la que no sólo siento abrasada la lengua y la garganta, tanto que no puedo ya articular ni una palabra, sino que siento también seco el Corazón y las entrañas. ¡Piedad de mi sed, piedad!" Y como delirando por la gran sed, te abandonas a la Voluntad del Padre.

Ah, mi corazón no puede vivir más, viendo la impiedad de tus enemigos, que en lugar de darte agua, te dan hiel y vinagre, y Tú no los rechazas. Ah, lo comprendo; es la hiel de tantos pecados, es el vinagre de nuestras pasiones no dominadas lo que quieren darte, y que en lugar de confortarte, te abrasan aún más. Oh Jesús mío, he aquí mi corazón, mis pensamientos, mis afectos, he aquí todo mi ser para calmar tu sed y para dar un alivio a tu boca seca y amargada. Todo lo que tengo, todo lo que soy, todo es para ti, oh Jesús mío. Si fueran necesarias mis penas para poder salvar incluso a una sola alma, aquí me tienes, estoy dispuesta a sufrirlo todo. A ti yo me ofrezco por entero; haz de mí lo que mejor te plazca.

Quiero reparar por el dolor que sufres a causa de todas las almas que se pierden y por la pena que te dan aquéllas que, cuando Tú permites que sufran tristezas o abandonos, ellas, en vez de ofrecértelos a ti para dar alivio a la sed ardiente que te devora, se abandonan a sí mismas, y así te hacen sufrir aún más.

Sexta Palabra

Agonizante Bien mío, el mar interminable de tus penas, el fuego que te consume y, más que nada, el Querer Supremo del Padre, que quiere que Tú mueras, no nos permiten esperar ya que puedas continuar viviendo. Y yo, ¿como podré vivir sin ti?

Ya te faltan las fuerzas, tus ojos se velan, tu rostro se transforma y se cubre de una palidez mortal, la boca está entreabierta, la respiración, fatigosa e intermitente, de manera que ya no hay más esperanzas de que puedas reanimarte. Al fuego que te abrasa se sustituye un frío, un sudor frío que te baña la frente; los músculos y nervios se contraen siempre más por la crudeza de los dolores, y por las heridas de los clavos, las llagas se siguen rasgando más aún, y yo tiemblo, me siento morir. Te miro, oh Bien mío, y veo que de tus ojos brotan las últimas lágrimas, mensajeras de tu cercana muerte, mientras que fatigosamente haces oír aún otra Palabra: "¡Todo está consumado!"

Oh Jesús mío, ya lo has agotado todo, ya no te queda nada más. El amor ha llegado a su término. Y yo, ¿me he consumido toda por tu amor? ¿Qué agradecimiento no deberé yo darte, cuál no tendrá que ser mi gratitud hacia ti?

Oh Jesús mío, quiero reparar por todos, reparar por las faltas de correspondencia a tu amor, y consolarte por las afrentas que recibes de las criaturas mientras que Tú te estás consumiendo de amor en la cruz.

Séptima Palabra

Jesús mío, Crucificado agonizante, ya estás a punto de dar el último respiro de tu vida mortal. Tu Santísima Humanidad está ya rígida; el Corazón parece que no te late más. Con la Magdalena me abrazo a tus pies y quisiera, si fuera posible, dar mi vida para reanimar la tuya.

Entre tanto, oh Jesús, veo que de nuevo abres tus ojos moribundos y miras en torno a la cruz, como si quisieras decir tu último adiós a todos; miras a tu agonizante Mamá, que ya no tiene más movimiento ni voz, ¡pues son tantas las penas que sufre!, y con tu mirada le dices: "Adiós Mamá, Yo me voy, pero te tendré en mi Corazón. Tú, cuida de los hijos míos y tuyos."

Miras a la llorosa Magdalena, a tu fiel Juan y a tus mismos enemigos, y con tu mirada les dices: "Os perdono y os doy el beso de paz". Nada escapa a tu mirada; de todos te despides y a todos perdonas.

Después, reuniendo todas tus fuerzas, con voz potente y sonora, gritas: "¡Padre, en tus manos entrego mi espíritu!"

E inclinando la cabeza, expiras.

Jesús mío, a este grito se trastorna toda la naturaleza y llora tu muerte, la muerte de su Creador. La tierra se estremece fuertemente y con su temblor parece como si llorara y quisiera sacudir el espíritu de todos para que te reconozcan como el verdadero Dios. El velo del Templo se rasga; los muertos resucitan; el sol, que ha llorado hasta ahora por tus penas, retira su luz, horrorizado. Tus enemigos, a este grito, caen de rodillas y, golpeándose el pecho, dicen: "Verdaderamente Éste es el Hijo de Dios". Y tu Madre, petrificada y moribunda, sufre penas más crueles que la muerte.

Muerto Jesús mío, con este grito Tú nos has puesto también a todos nosotros en las manos del Padre para que no nos rechace. Por eso has gritado fuertemente, y no sólo con la voz sino con todas tus penas y con las voces de tu sangre: "¡Padre, en tus manos pongo mi espíritu y a todas las almas!"

Jesús mío, también yo me abandono en ti. Dame la gracia de morir por entero en tu amor, en tu Querer, y te suplico que no permitas jamás que ni en la vida ni en la muerte salga yo de tu Santísima Voluntad.

Quiero reparar por todos aquellos que no se abandonan perfectamente a tu Santísima Voluntad, perdiendo o reduciendo así el precioso fruto de tu Redención. ¿Cuál no será el dolor de tu Corazón, oh Jesús mío, al ver a tantas criaturas que escapan de tus brazos y se abandonan a sí mismas? ¡Oh Jesús mío, piedad para todos! ¡Piedad para mí!

Beso tu cabeza, coronada de espinas, y te pido perdón por tantos pensamientos de soberbia, de ambición y de propia estima. Te prometo que cada vez que me venga un pensamiento que no sea totalmente para ti, oh Jesús, y me encuentre en ocasión de ofenderte, gritaré inmediatamente: "Jesús, María, os entrego el alma mía."

Oh Jesús, beso tus hermosos ojos, bañados aún por las lágrimas y cubiertos por coágulos de sangre, y te pido perdón por cuantas veces te ofendí con miradas pecaminosas e inmodestas. Te prometo que cada vez que mis ojos se sientan impulsados a mirar cosas de tierra, gritaré inmediatamente: "Jesús, María, os entrego el alma mía."

Oh Jesús, beso tus santísimos oídos, ensordecidos hasta los últimos instantes por insultos y horribles blasfemias, y te pido perdón por cuantas veces he escuchado o he hecho escuchar conversaciones que nos alejan de ti, y por cuantas conversaciones malas tienen las criaturas. Te prometo que cada vez que me encuentre en la ocasión de oír conversaciones que no convienen, gritaré inmediatamente: "Jesús, María, os entrego el alma mía."

Oh Jesús mío, beso tu santísimo rostro, pálido, lívido, ensangrentado, y te pido perdón por tantos desprecios, afrentas e insultos como recibes de nosotros, vilísimas criaturas, con nuestros pecados. Te prometo que cada vez que me venga la tentación de no darte toda la gloria, el amor y la adoración que se te deben, gritaré inmediatamente: "Jesús, María, os entrego el alma mía."

Oh Jesús mío, beso tu santísima boca, abrasada, seca y amargada, y te pido perdón por todas las veces que te he ofendido con malas conversaciones y por cuantas veces he cooperado en amargarte y en acrecentar tu sed. Te prometo que cada vez que me venga el pensamiento de decir cosas que podrían ofenderte, gritaré inmediatamente: "Jesús, María, os entrego el alma mía."

Oh Jesús mío, beso tu cuello santísimo, en el que veo aún las marcas de las cadenas y sogas que te han oprimido, y te pido perdón por tantos vínculos y tantos apegos de las criaturas, que han añadido nuevas sogas y cadenas a tu santísimo cuello. Te prometo que cada vez que me sienta turbada por apegos, deseos y afectos que no sean sólo para ti, gritaré inmediatamente: "Jesús, María, os entrego el alma mía."

Jesús mío, beso tus hombros santísimos, y te pido perdón por tantas satisfacciones ilícitas y por tantos pecados cometidos con los cinco sentidos de nuestro cuerpo. Te prometo que cada vez que me venga el pensamiento de darme algún placer o alguna satisfacción que no sea para tu gloria, gritaré inmediatamente: "Jesús, María, os entrego el alma mía."

Jesús mío, beso tu pecho santísimo, y te pido perdón por tantas frialdades, indiferencias, tibiezas e ingratitudes tan horribles que recibes de las criaturas. Te prometo que cada vez que me sienta enfriar en tu amor, gritaré inmediatamente: "Jesús, María, os entrego el alma mía."

Jesús mío, beso tus santísimas manos, y te pido perdón por todas las obras malas e indiferentes, por tantos actos envenenados por el amor propio y por la propia estima. Te prometo que cada vez que me venga el pensamiento de no obrar sólamente por tu amor, gritaré inmediatamente: "Jesús, María, os entrego el alma mía."

Jesús mío, beso tus santísimos pies, y te pido perdón por tantos pasos y por tantos caminos recorridos sin tener la recta intención de agradarte; por tantos que de ti se alejan para ir en busca de placeres de la tierra. Te prometo que cada vez que me venga el pensamiento de separarme de ti, gritaré inmediatamente: "Jesús, María, os entrego el alma mía."

Oh Jesús, beso tu Santísimo Corazón, y quiero encerrar en Él, junto con mi alma, a todas las almas redimidas por ti, para que todas se salven, sin excluir a ninguna. Oh Jesús, enciérrame en tu Corazón, y ciérrame sus puertas, de modo que yo no pueda ver nada fuera de ti. Te prometo que cada vez que me venga el pensamiento de querer salir de este Corazón, gritaré inmediatamente: "¡Jesús, María, a vosotros entrego el corazón y el alma mía!"

De las 3 a las 4 de la tarde
VIGÉSIMA TERCERA HORA
Jesús, muerto, es traspasado por la lanza. El Descendimiento de la Cruz

¡Oh Jesús mío, ya estás muerto! Y yo, estando en tu Corazón, empiezo a gozar ya de los copiosos frutos de la Redención.

Los más incrédulos se doblegan reverentes ante ti, golpeándose el pecho; lo que no hicieron ante tu cuerpo viviente, lo hacen ahora ante tu cuerpo ya muerto. La naturaleza se estremece, el sol se eclipsa, la tierra tiembla, los elementos se conmueven y parecen tomar parte en tu dolorosísima muerte. Los ángeles, sobrecogidos de admiración y de amor, descienden del Cielo a millares, te adoran y te rinden homenaje, reconociéndote y confesándote como nuestro verdadero Dios. Oh Jesús mío, yo también uno mis adoraciones a las suyas y te ofrezco mi gratitud y todo el amor de mi pobre corazón.

Pero veo que tu amor no está aún satisfecho, y para darnos una última muestra, permites que un soldado se te acerque y, con una lanzada, te traspase el Corazón, haciéndote derramar las últimas gotas de sangre y agua que quedaban en él.

Oh, Jesús mío, ¿no querrías permitir que esta lanza hiriese también mi corazón? ¡Ah, sí, que esta lanza sea la que hiera mis deseos, mis pensamientos, mis latidos y mi voluntad, y que me dé tu Querer, tus pensamientos y toda tu vida de amor y de inmolación!

Corazón de mi Jesús, herido por esta lanza, ah, prepara un baño para todas las almas; un refugio a todos los corazones, un descanso a todos los atribulados.

De esta herida es de donde haces brotar a tu amada Esposa, la Iglesia; de ahí haces salir los Sacramentos y la vida de las almas. Y yo, junto con tu Madre Santísima, cruelmente herida en su Corazón, quiero reparar por las ofensas, los abusos y las profanaciones que se le hacen a la Iglesia; y por los méritos de esta herida y de María Santísima, nuestra dulcísima Madre, te suplico que nos encierres a todos en tu amantísimo Corazón, y que protejas, defiendas e ilumines a quienes rigen la Iglesia.

Oh Jesús mío, después de tu dolorosísima muerte, parece que yo no debería tener más vida propia, pero en tu herido Corazón encontraré mi vida, de manera que cualquier cosa que esté por hacer, la tomaré siempre de este Corazón Divino. No volveré a dar vida a mis pensamientos, pero si quisieran vida, la tomaré de tus pensamientos. Mi querer no volverá a tener vida, pero si vida quisiera, la tomaré de tu Santísima Voluntad. Mi amor no volverá a tener vida, pero si quisiera amor, tomaré la vida de tu amor. Oh Jesús mío, toda tu Voluntad sea mía, pues ésta es tu Voluntad, y ésta es también la mía.

Jesús mío, nos has dado la última prueba de tu amor: tu Corazón traspasado. Ya no te queda más qué hacer por nosotros; pero he aquí que ya se preparan para bajarte de la cruz, y yo, después de haber puesto todo en ti, con tus amados discípulos quiero quitar los clavos de tus santísimos pies y de tus sagradas manos, y mientras te desclavo, clávame toda en ti.

Jesús mío, la primera en recibirte en su regazo, bajado ya de la cruz, es tu Madre Dolorosa; y entre sus brazos, tu cabeza traspasada, dulcemente reposa.

Oh dulce Mamá, no desdeñes tenerme en tu compañía, y haz que también yo, junto contigo, pueda prestar los últimos servicios a mi amado Jesús. Dulcísima Madre mía, es cierto que Tú me superas en amor y en delicadeza al tocar a mi Jesús, pero yo trataré de imitarte en el mejor modo posible para complacer en todo al adorado Jesús. Por eso, juntamente con tus manos pongo las mías y quito todas las espinas que rodean su adorable cabeza, con la intención de unir a tus profundas adoraciones las mías.

Celestial Mamá, ya llegan tus manos a los ojos de mi Jesús y se disponen a quitar la sangre coagulada de esos ojos que un día daban luz a todo el mundo y que ahora están oscurecidos y apagados. Oh Mamá, me uno a ti; besémoslos juntas y adorémoslos profundamente.

Veo los oídos de mi Jesús llenos de sangre, lacerados por los golpes y heridos por las espinas. Hagamos, oh Madre, penetrar nuestras adoraciones en esos oídos que ya no oyen y que también han sufrido tanto por llamar a tantas almas obstinadas y sordas a las voces de la gracia.

Oh dulce Mamá, veo tu rostro bañado en lágrimas, y a ti, toda llena de dolor al ver el rostro adorable de Jesús. Uno mi dolor al tuyo. Limpiemos, juntas, el fango y los salivazos que tanto lo han ensuciado; adoremos ese rostro de majestad divina que enamoraba al Cielo y a la tierra, y que ahora ya no da ninguna señal de vida.

Besemos, juntas, su boca, dulce Mamá, esa boca divina que con la suavidad de su palabra ha atraído a tantas almas a su Corazón. Oh Madre, quiero besar con tu misma boca esos labios lívidos y ensangrentados y adorarlos profundamente.

Oh dulce Mamá, quiero besar y volver a besar, junto contigo, el cuerpo adorable de mi Jesús, hecho todo una llaga; pongo mis manos junto con las tuyas para unir esos jirones de carne que aún quedan en él; y juntas, adorémoslo profundamente.

Besemos, oh Madre, esas manos creadoras, que han obrado para nosotros tantos prodigios. Esas manos taladradas, deshechas, que ya están frías y con la rigidez de la muerte.

Oh dulce Mamá, encerremos en esas sacrosantas heridas a todas las almas, para que Jesús, al resucitar, las encuentre a todas en Él, depositadas por ti, y así no se pierda ninguna. Oh Mamá, adoremos juntas estas profundas heridas en nombre de todos y junto con todos.

Oh Celestial Mamá, veo que te acercas a besar los pies de Jesús. ¡Qué desgarradoras son estas heridas! Los clavos se han llevado parte de la carne y de la piel, y el peso de su santísimo cuerpo los ha rasgado horriblemente. Besémoslos juntas, adorémoslos profundamente y encerremos en estas heridas todos los pasos de los pecadores, para que cuando caminen sientan los pasos de Jesús, que los sigue de cerca, y así no se atrevan a ofenderlo.

Oh dulce Mamá, veo que tu mirada se detiene en el Corazón del adorado Jesús. ¿Qué haremos en este Corazón? Tú me lo mostrarás, Mamá, y me sepultarás en él, lo cerrarás con la piedra y lo sellarás; y aquí adentro, depositando en él mi corazón y mi vida, me quedaré encerrada hasta la eternidad. ¡Oh Mamá, dame tu amor para que con él ame a Jesús, y dame tu dolor para con él interceder por todos y para reparar toda ofensa que se le haga a este Corazón!

Acuérdate, oh Mamá, que al sepultar a Jesús, quiero que con tus mismas manos me sepultes también a mí, para que después de haber sido sepultada con Él, pueda resucitar con Él y con todo lo que es suyo.

Y ahora, unas palabras para ti, oh dulce Mamá: ¡Cuánto te compadezco! Con toda la efusión de mi pobre corazón, quiero reunir todos los latidos, todos los deseos y todas las vidas de las criaturas y postrarlos ante ti en un acto del más ferviente amor y compasión. Te compadezco por el extremo dolor que has sufrido al ver a Jesús muerto, coronado de espinas, destrozado por los azotes y por los clavos; al ver esos ojos que ya no te miran, esos oídos que ya no escuchan tu voz, esa boca que ya no te habla, esas manos que ya no te abrazan, esos pies que nunca te dejaban y que aún desde lejos seguían tus pasos. Quiero ofrecerte el Corazón mismo de Jesús, rebosante de amor, para compadecerte como mereces y para dar un consuelo a tus amarguísimos dolores.

De las 4 a las 5 de la tarde
VIGÉSIMA CUARTA HORA
La Sepultura de Jesús

Dolorosa Mamá mía, ya veo que te dispones al último sacrificio: tener que dar sepultura a tu Hijo Jesús, muerto. Y resignadísima a los quereres del Cielo, lo acompañas y, con tus mismas manos, lo depositas en el sepulcro. Y mientras arreglas esos miembros, tratas de darle el último adiós y el último beso, y por el dolor sientes que te es arrancado el corazón del pecho. El amor te clava sobre esos miembros, y por la fuerza del amor y del dolor, tu vida está por extinguirse junto con tu Hijo, ya muerto.

Pobre Mamá, ¿cómo harás ya sin Jesús? Él es tu Vida, tu Todo, y sin embargo, es el Querer del Eterno el que así lo quiere. Ahora tendrás que combatir con dos potencias insuperables: el amor y el Querer Divino. El amor te tiene clavada, de modo que no puedes separarte de Él, pero el Querer Divino se impone y quiere este sacrificio. Pobre Mamá, ¿cómo harás? ¡Cuánto te compadezco! ¡Ah, ángeles del Cielo, venid a levantarla de los miembros rígidos de Jesús; de lo contrario, Ella morirá!

Mas, oh prodigio, mientras parecía extinguida juntamente con Jesús, oigo su voz temblorosa e interrumpida por sollozos, que dice:

"Hijo amado, Hijo, éste era el único consuelo que me quedaba y que reducía mis penas: tu Santísima Humanidad, desahogarme sobre estas llagas y adorarlas y besarlas. Pero ahora también se me quita esto, porque el Querer Divino así lo quiere, y Yo me resigno. Pero sabe, oh Hijo, que lo quiero y no puedo. Al solo pensamiento de hacerlo, me faltan las fuerzas y la vida se me escapa. Ah, permíteme, oh Hijo, que para poder recibir fuerza y vida para realizar esta amarga separación, me quede sepultada enteramente en ti, y que tome, para mí, tu vida, tus penas, tus reparaciones y todo lo que Tú eres. Ah, sólo un intercambio de vida entre Tú y Yo puede darme la fuerza de cumplir el sacrificio de separarme de ti."

Afligida Mamá mía así decidida, veo que de nuevo recorres esos miembros, y poniendo tu cabeza sobre la de Jesús, la besas y en ella encierras tus pensamientos, tomando para ti sus espinas, sus afligidos y ofendidos pensamientos y todo lo que ha sufrido en su santísima cabeza. ¡Oh, cómo quisieras animar la inteligencia de Jesús con la tuya, para poder darle vida por vida! Y ya sientes que empiezas a revivir, al haber tomado en tu mente los pensamientos y las espinas de Jesús.

Dolorosa Mamá, veo que besas los ojos apagados de Jesús, y quedo traspasada al ver que Jesús ya no te mira más. ¡Cuántas veces esos ojos divinos, al mirarte, te extasiaban en el Paraíso y te hacían resucitar de la muerte a la vida! Pero ahora, al ver que ya no te miran, te sientes morir. Por eso veo que dejas tus ojos en los de Jesús y que tomas para ti los suyos, sus lágrimas y la amargura de esa mirada que ha sufrido tanto al ver las ofensas de las criaturas y tantos insultos y desprecios.

Veo, Mamá mía traspasada, que besas sus santísimos oídos, y lo llamas y lo vuelves a llamar, y le dices: "Hijo mío, ¿pero es posible que ya no me escuches más? Tú, que me escuchabas y que atendías hasta el más pequeño gesto mío, y ahora, que lloro y que te llamo, ¿no me escuchas? ¡Ah, el amor es el más cruel tirano! Tú eras para mí, más que mi propia vida, y ahora, ¿tendré que sobrevivir a tan gran dolor? Por eso, oh Hijo, dejo mis oídos en los tuyos, y tomo para mí todo lo que han sufrido tus santísimos oídos, el eco de todas las ofensas que en ellos resonaban. Sólo esto puede darme la vida: tus penas y tus dolores."

Y mientras dices esto, es tan intenso el dolor y tanta la angustia de tu Corazón, que pierdes la voz y te quedas sin movimiento. ¡Pobre Mamá mía, pobre Mamá mía, cuánto te compadezco! ¡Cuántas muertes crueles estás sufriendo!

Pero, Mamá dolorosa, el Querer Divino se impone y te da el movimiento, y Tú miras su rostro santísimo, lo besas y exclamas: "¡Hijo adorado, qué desfigurado estás; si el amor no me dijera que eres mi Hijo, mi Vida, mi Todo, no te reconocería más! ¡Tan irreconocible has quedado! Tu belleza natural se ha convertido en deformidad, tus purpúreas mejillas se han convertido en cardenales; la luz, la gracia que irradiaba tu hermoso rostro -que mirarte y quedar encantado era una misma cosa-, se ha transformado en palidez de muerte, oh Hijo amado. ¡Hijo, a qué has quedado reducido! ¡Qué feo trabajo ha realizado el pecado en tus santísimos miembros! ¡Oh, cómo quisiera tu inseparable Mamá devolverte tu primitiva belleza! Quiero fundir mi rostro en el tuyo y tomar para mí tu rostro, las bofetadas, los salivazos, los desprecios y todo lo que has sufrido en tu rostro santísimo. ¡Ah, Hijo, si me quieres viva, dame tus penas; de lo contrario, me muero!"

Y tan grande es el dolor, que te sofoca y te corta las palabras y quedas como extinguida sobre el rostro de Jesús. ¡Pobre Mamá, cuánto te compadezco! Ángeles míos, venid a alzar a mi Mamá; su dolor es inmenso, la inunda, la ahoga, y ya no le quedan más vida ni fuerzas. Pero el Querer Divino, rompiendo estas olas, le restituye la vida.

Y llegas ya a su boca y, al besarla, sientes amargados tus labios por la amargura de la hiel que ha amargado tanto la boca de Jesús, y sollozando, continúas:

"Hijo mío, dile una última palabra a tu Mamá. ¿Pero es posible que no escuche más tu voz? Todas las palabras que en vida me dijiste, como otras tantas flechas me asaetean el Corazón de dolor y de amor, y ahora, al verte mudo, estas flechas se ponen en movimiento en mi lacerado Corazón y me dan muchas muertes, y casi a la fuerza quisieran arrancarte una última palabra, y no obteniéndola, me desgarran y me dicen: "Pues no lo escucharás más; no oirás más su dulce acento, la melodía de su palabra creadora, que creaba en ti tantos paraísos por cuantas palabras decía". ¡Ah, mi paraíso se terminó y no tendré sino amarguras! ¡Ah, Hijo, quiero darte mi lengua para reanimar la tuya! Ah, dame lo que has sufrido en tu santísima boca, la amargura de la hiel, tu sed ardiente, tus reparaciones y tus plegarias, y así, oyendo por medio de éstas tu voz, mi dolor será más soportable, y tu Mamá podrá vivir por medio de tus penas."

Mamá destrozada, veo que te apresuras porque los que están a tu alrededor quieren cerrar el sepulcro y, casi volando, pasas sobre las manos de Jesús, las tomas entre las tuyas, las besas, te las estrechas al Corazón y, dejando tus manos en las suyas, tomas para ti los dolores y las heridas de esas manos santísimas. Y llegando a los pies de Jesús y mirando el cruel desgarramiento que los clavos han hecho en sus pies, mientras pones en ellos los tuyos, tomas para ti esas llagas, y te ofreces en lugar de Jesús a correr en busca de los pecadores para arrancarlos al infierno.

Angustiada Mamá, ya veo que le dices el último adiós al Corazón traspasado de Jesús. Aquí te detienes; es el último asalto que recibe tu Corazón materno, y sientes que te es arrancado del pecho por la vehemencia del amor y del dolor, y por sí mismo se te escapa y se posa en el Corazón Santísimo de Jesús. Y Tú, viéndote sin Corazón, te apresuras a tomar para ti el Corazón Santísimo de Jesús, su amor rechazado por tantas criaturas, sus tantos deseos ardentísimos no realizados por la ingratitud de ellas, y los dolores y las heridas que traspasan ese Corazón Santísimo, que te tendrán crucificada durante toda tu vida. Y mirando esa ancha herida, la besas y tomas en tus labios su sangre, y sintiendo en ti la vida de Jesús, sientes la fuerza para soportar la amarga separación. Y así, lo abrazas y permites que la piedra del sepulcro lo encierre.

Dolorosa Mamá mía, llorando te suplico que por ahora no permitas que nos quiten a Jesús de nuestra mirada; espera que primero me encierre en Jesús para tomar su vida en mí. Si Tú, que eres la Sin Mancha, la Santa, la Llena de Gracia, no puedes vivir sin Jesús, mucho menos podré yo, que soy la debilidad, la miseria, la llena de pecados. ¿Cómo puedo vivir sin Jesús? Ah, Mamá dolorosa, no me dejes sola, llévame contigo; pero antes deposítame toda en Jesús, vacíame de todo para poder poner a Jesús por entero en mí, así como lo has puesto en ti. Comienza a cumplir conmigo el oficio de Madre que te dio Jesús, estando en la cruz, y conmoviendo mi pobreza extrema tu Corazón materno, enciérrame toda en Jesús con tus mismas manos maternas. Encierra los pensamientos de Jesús en mi mente, a fin de que no entre en mí ningún otro pensamiento. Encierra los ojos de Jesús en los míos, para que nunca pueda escapar de mi mirada. Pon sus oídos en los míos, para que siempre lo escuche y cumpla en todo su Santísimo Querer. Su rostro ponlo en el mío, a fin de que, contemplando ese rostro tan desfigurado por amor a mí, lo ame, lo compadezca y repare. Pon su lengua en la mía, para que hable, rece y enseñe con la lengua de Jesús. Pon sus manos en las mías, para que cada movimiento que yo haga y cada obra que realice, tomen vida en las obras y movimientos de Jesús. Sus pies ponlos en los míos, a fin de que cada paso que yo dé sea vida, salvación, fuerza y celo para las demás criaturas.

Y ahora, afligida Mamá mía, permíteme que bese su Corazón y que beba su preciosísima sangre, y encerrando Tú su Corazón en el mío, haz que yo pueda vivir de su amor, de sus deseos y de sus penas. Y ahora, toma la mano derecha de Jesús, rígida ya, para que me dé su última bendición.

Ahora permites que la piedra lo encierre, y Tú, destrozada, besas el sepulcro y, llorando, le dices tu último adiós y te alejas. Pero tu dolor es tanto que quedas petrificada y helada. Traspasada Mamá, contigo le digo adiós a Jesús, y llorando, quiero compadecerte y hacerte compañía en tu amarga desolación. Quiero ponerme a tu lado para decirte en cada suspiro tuyo, en cada afán y dolor, una palabra de consuelo, y darte una mirada de compasión. Recogeré tus lágrimas y, si te veo desmayar, te sostendré entre mis brazos.

Pero veo que te ves obligada a volver a Jerusalén por ese mismo camino por donde viniste. Unos cuantos pasos y te encuentras de nuevo ante la cruz sobre la que Jesús ha sufrido tanto y ha muerto, y corres hacia ella, la abrazas, y viéndola tinta en sangre, en tu Corazón se renuevan uno por uno todos los dolores que Jesús ha sufrido sobre ella. Y no pudiendo contener tu dolor, entre sollozos exclamas:

"¡Oh cruz! ¿Cómo es que has sido tan cruel con mi Hijo? ¡Ah, en nada lo has perdonado! ¿Qué mal te había hecho? Ni siquiera a mí, su dolorosa Mamá, me has permitido darle al menos un sorbo de agua, cuando la pedía, y a su boca, reseca, le has dado hiel y vinagre. Yo sentía que mi traspasado Corazón se licuaba, y hubiera querido dar a aquellos labios mi Corazón licuefacto, para calmar su sed, pero tuve el dolor de verme rechazada. Oh cruz, cruel, sí, pero santa, porque has sido divinizada y santificada al contacto de mi Hijo. Esa crueldad que usaste con Él, cámbiala en compasión hacia los miserables mortales, y por las penas que Él ha sufrido sobre ti, impetra gracia y fortaleza para las almas que sufren, para que ninguna se pierda a causa de tribulaciones y cruces. Demasiado me cuestan las almas; me cuestan la vida de un Hijo-Dios, y Yo, como Corredentora y Madre, las ato a ti, oh cruz."

Y besándola, y volviendo a besarla, te alejas. ¡Pobre Mamá, cuánto te compadezco! A cada paso y encuentro surgen nuevos dolores que, haciéndose inmensos y volviéndose más amargas sus oleadas, te inundan, te ahogan y, a cada momento, te sientes morir.

Pocos pasos más, y llegas al sitio donde esta mañana lo encontraste bajo el enorme peso de la cruz, agotado, chorreando sangre, con un manojo de espinas en la cabeza, las cuales, al golpear con la cruz, penetraban más y más y, en cada golpe, le procuraban dolores de muerte. La mirada de Jesús, cruzándose con la tuya, buscaba piedad, pero los soldados, para privar de ese consuelo a Jesús y a ti, lo empujaron y lo hicieron caer, haciéndole derramar nueva sangre; y ahora, viendo la tierra empapada, te postras por tierra, y mientras besas esa sangre, te oigo decir:

"Ángeles míos, venid a hacer guardia a esta sangre para que ninguna gota sea pisoteada ni profanada."

Mamá dolorosa, déjame que te dé la mano para levantarte y sostenerte, porque veo que agonizas en la sangre de Jesús.

Pero al proseguir tu camino, nuevos dolores encuentras. Por doquier ves huellas de su sangre y recuerdas el dolor de Jesús. Por eso apresuras tus pasos y te encierras en el Cenáculo. Yo también me encierro en el Cenáculo, pero mi Cenáculo es el Corazón Santísimo de Jesús, y desde su Corazón quiero venir a tus rodillas maternas para hacerte compañía en esta hora de amarga desolación. Mi corazón no resiste el dejarte sola en tanto dolor.

Desolada Mamá, mira a esta pequeña hija tuya; soy demasiado pequeña, y sola no puedo ni quiero vivir. Tómame sobre tus rodillas y estréchame entre tus brazos maternos, y haz conmigo de Mamá. Tengo necesidad de guía, de ayuda, de sostén. Mira mi pobreza y derrama sobre mis llagas una lágrima tuya, y cuando me veas distraída, estréchame a tu Corazón materno, y en mí vuelve a llamar la vida de Jesús.

Pero mientras te pido esto, me veo obligada a detenerme para poner atención a tus acerbos dolores, y me siento traspasado al ver que al mover tu cabeza sientes que te penetran más las espinas que has tomado de Jesús, con las punzadas de todos nuestros pecados de pensamiento, los cuales, penetrándote hasta en los ojos, te hacen derramar lágrimas mezcladas con sangre. Y mientras lloras, teniendo en los ojos la vista de Jesús, desfilan ante tu vista todas las ofensas de las criaturas. ¡Cómo sientes su amargura! ¡Cómo comprendes lo que Jesús ha sufrido, teniendo en ti sus mismas penas! Pero un dolor no espera al otro, y poniendo atención en tus oídos, te sientes aturdida por el eco de las voces de las criaturas, y según cada especie de voces ofensivas de las criaturas, pasándote de los oídos al Corazón, te lo traspasan, y Tú repites el estribillo: "¡Hijo, cuánto has sufrido!"

Desolada Mamá, ¡cuánto te compadezco! Permíteme que te enjugue tu rostro bañado en lágrimas y sangre; pero siento que retrocedo al verlo ahora cubierto de cardenales, irreconocible y pálido, con una palidez mortal. ¡Ah, comprendo, son los maltratos sufridos por Jesús, que has tomado sobre ti y que te hacen sufrir tanto, que al mover tus labios para orar o para lanzar suspiros de tu pecho abrasado, siento tu aliento amargo y tus labios quemados por la sed de Jesús.

¡Pobre Mamá mía, cuánto te compadezco! Tus dolores van creciendo cada vez más y parecen darse la mano entre ellos. Y tomando tus manos en las mías, las veo traspasadas por clavos. En ellas, precisamente, sientes el dolor al ver los homicidios, las traiciones, los sacrilegios y todas las obras malas, que repiten los golpes, agrandando las llagas y exacerbándolas cada vez más.

¡Cuánto te compadezco! Tú eres la verdadera Madre Crucificada, hasta el punto que ni siquiera tus pies quedan sin clavos; más aún, no sólo te los sientes clavados, sino también como arrancados por tantos pasos inicuos y por las almas que se van al infierno, y Tú corres tras ellas para que no se precipiten en las llamas infernales.

Pero eso aún no es todo, Crucificada Mamá. Todas tus penas, reunidas, hacen eco en tu Corazón y te lo traspasan, no con siete espadas, sino con miles y miles de espadas, y mucho más, porque teniendo en ti el Corazón Divino de Jesús, que encierra a todos los corazones y envuelve en su latido los latidos de todos, ese latido divino va diciendo en sus latidos: "Almas y Amor", y Tú, en ese latido que dice "Almas" sientes correr en tus latidos todos los pecados y sientes que te dan la muerte, y en ese otro latido que dice "Amor", sientes que te dan la vida; de manera que estás en un acto continuo de muerte y vida.

Crucificada Mamá, ¡cuánto te compadezco! Tus dolores son inenarrables. Quisiera transformar mi ser en lenguas, en voz, para compadecerte, pero ante tantos dolores, mis compadecimientos son nada. Por eso llamo a la Trinidad Sacrosanta, a los ángeles, y les ruego que pongan en torno a ti, sus armonías, sus contentos, sus bellezas, para que endulcen y compadezcan tus intensos dolores; que te sostengan entre sus brazos y que te devuelvan todas tus penas convertidas en amor.

Y ahora, desolada Mamá, gracias en nombre de todos, por todo lo que has sufrido, y te ruego, por esta desolación tuya tan amarga, que vengas a asistirme en la hora de mi muerte, cuando mi pobre alma se encuentre sola, abandonada de todos, en medio de mil ansias y temores; ven Tú, entonces, a devolverme la compañía que tantas veces te he hecho en mi vida; ven a asistirme, ponte a mi lado y ahuyenta al enemigo; lava mi alma con tus lágrimas, cúbreme con la sangre de Jesús, revísteme con sus méritos, embelléceme con tus dolores y con todas las penas y las obras de Jesús; y en virtud de sus penas y de tus dolores, haz desaparecer de mí todos mis pecados, dándome el perdón total. Y al expirar mi alma, recíbeme entre tus brazos y ponme bajo tu manto, ocúltame a la mirada del enemigo, llévame en un vuelo al Cielo y ponme en los brazos de Jesús. ¡Quedemos en este acuerdo, querida Mamá mía!

Y ahora te ruego que les hagas la compañía que te he hecho hoy, a todos los moribundos; hazles a todos de Mamá. Son los momentos extremos y se necesitan grandes auxilios; por eso, no le niegues a ninguno tu oficio materno.

Una última palabra: te ruego, mientras te dejo, que me encierres en el Corazón Santísimo de Jesús, y Tú, doliente Mamá mía, hazme de centinela para que Jesús no me ponga fuera de su Corazón y para que yo, ni aun queriendo, me pueda salir de él.

Por eso, beso tu mano materna, y Tú, dame tu bendición.

Nos cum prole pia, benedicat Virgo Maria

AMEN

Índice

De las 5 a las 6 de la tarde   **61**
PRIMERA HORA
Jesús se despide de su Santísima Madre

De las 6 a las 7 de la tarde   **64**
SEGUNDA HORA
Jesús se aleja de su Madre Santísima y se encamina al Cenáculo

De las 7 a las 8 de la noche   **67**
TERCERA HORA
La Cena Legal

De las 8 a las 9 de la noche   **69**
CUARTA HORA
La Cena Eucarística

De las 9 a las 10 de la noche   **79**
QUINTA HORA
Primera hora de agonía en el Huerto de Getsemaní

De las 10 a las 11 de la noche   **83**
SEXTA HORA
Segunda hora de agonía en el Huerto de Getsemaní

De las 11 a las 12 de la noche   **89**
SÉPTIMA HORA
Tercera hora de agonía en el Huerto de Getsemaní

De las 12 de la noche a la 1 de la mañana   **101**
OCTAVA HORA
La Captura de Jesús

De la 1 a las 2 de la mañana   **105**
NOVENA HORA
Jesús, atado, es hecho caer en el torrente Cedrón

De las 2 a las 3 de la mañana   **108**
DÉCIMA HORA
Jesús es presentado a Anás

De las 3 a las 4 de la mañana   **110**
UNDÉCIMA HORA
Jesús en casa de Caifás

De las 4 a las 5 de la mañana   **114**
DUODÉCIMA HORA
Jesús en medio de los soldados

De las 5 a las 6 de la mañana   **116**
DECIMATERCERA HORA
Jesús en la prisión

De las 6 a las 7 de la mañana   **121**
DECIMACUARTA HORA
Jesús de nuevo ante Caifás, quien confirma la sentencia de muerte y lo envía a Pilatos

De las 7 a las 8 de la mañana   **123**
DECIMAQUINTA HORA
Jesús ante Pilatos. Pilatos lo envía a Herodes

De las 8 a las 9 de la mañana   **126**
DECIMASEXTA HORA
Jesús vuelve ante Pilatos y es pospuesto a Barrabás

De las 9 a las 10 de la mañana   **130**
DECIMASÉPTIMA HORA
Jesús es coronado de espinas. "Ecce Homo". Jesús es condenado a muerte

De las 10 a las 11 de la mañana   **138**
DECIMAOCTAVA HORA
Jesús abraza la Cruz

De las 11 a las 12 del día   **149**
DECIMANOVENA HORA
La Crucifixión de Jesús

De las 12 a la 1 de la tarde   **171**
VIGÉSIMA HORA
Primera hora de agonía en la Cruz

De la 1 a las 2 de la tarde   **177**
VIGÉSIMA PRIMERA HORA
Segunda Hora de agonía en la Cruz

De las 2 a las 3 de la tarde   **184**
VIGÉSIMA SEGUNDA HORA
Tercera Hora de agonía en la cruz. Muerte de Jesús

De las 3 a las 4 de la tarde   **190**
VIGÉSIMA TERCERA HORA
Jesús, muerto, es traspasado por la lanza. El Descendimiento de la Cruz

De las 4 a las 5 de la tarde   **194**
VIGÉSIMA CUARTA HORA
La Sepultura de Jesús

ORACIONES PARA EL ENCUENTRO EN LA DIVINA VOLUNTAD
ORACIONES INICIALES

†Por la señal, de la Santa Cruz, †de nuestros enemigos, †líbranos Señor, Dios Nuestro. †En el nombre del Padre, del Hijo y del Espíritu Santo.

Siempre Santa e indivisible Trinidad, te adoro profundamente, te amo intensamente, te doy gracias perpetuamente por todos y en los corazones de todos.

Siempre Santa e indivisible Trinidad, este encuentro lo iniciamos en tu presencia, haciendo la señal de la Cruz e invocándote. Que tu bendición renueve la gracia y consagración de nuestro bautismo, confirme en nosotros el don de tu semejanza, y llame la Vida de tu Voluntad a reinar en nuestras almas. Queremos renovar esta consagración, y la total entrega de todo cuanto somos, repitiendo junto con María nuestra Madre: "Hágase en mí según tu Palabra"; y junto con Jesús, en el momento de su Encarnación: "Heme aquí Padre, que vengo para hacer tu Volunad". Pues queremos como Ellos, vivir sólo y siempre en tu Voluntad, y que sea Ella nuestra Vida, nuestro alimento y nuestro Todo.

ORACIÓN A JESÚS

¡Jesús, Te amo, revélanos al Padre, revélanos su Santísima Voluntad, y haz que Ella reine en nosotros como reinaba en Ti!

¡Jesús, Te amo! Ven Divina Voluntad, a pensar en mi mente.

¡Jesús, Te amo! Ven Divina Voluntad, a circular en mi sangre.

¡Jesús, Te amo! Ven Divina Voluntad, a mirar en mis ojos.

¡Jesús, Te amo! Ven Divina Voluntad, a escuchar en mis oídos.

¡Jesús, Te amo! Ven Divina Voluntad, a hablar en mi voz.

¡Jesús, Te amo! Ven Divina Voluntad, a respirar en mi respiración.

¡Jesús, Te amo! Ven Divina Voluntad, a palpitar en mi corazón.

¡Jesús, Te amo! Ven Divina Voluntad, a moverte en mi movimiento.

¡Jesús, Te amo! Ven Divina Voluntad, a orar en mí, y luego ofrece esta oración a Ti como mía, para satisfacer por las oraciones de todos, y para dar al Padre la gloria que deberían darle todas las criaturas.

INVOCACIÓN AL ESPÍRITU SANTO
(Veni Creator)

VEN, OH ESPIRITU CREADOR, visita nuestras mentes,
visita con tu gracia los corazones que has creado.
Oh dulce Consolador, Don del Padre altísimo, agua viva,
fuego, amor y santa unción del alma
Dedo de la mano de Dios, prometido del Salvador,
irradia tus siete dones, suscita en nosotros la Palabra.
Sé luz de nuestra inteligencia y llama ardiente en el corazón;
sana nuestras heridas con el bálsamo de tu Amor.
Defiéndenos del enemigo y trae el don de la paz;
tu guía invencible nos preserve de todo mal.
Luz de eterna Sabiduría, revélanos el gran misterio
de Dios Padre y de Dios Hijo unidos en un solo Amor.
Gloria a Dios Padre y al Hijo resucitado,
al Espíritu Paráclito por los siglos de los siglos. Amén.

ORACIÓN AL PADRE

Padre Nuestro, que estás en el cielo, santificado sea tu nombre, venga a nosotros tu reino, hágase tu voluntad en la tierra como en el cielo. Danos hoy nuestro pan de cada día, perdónanos nuestras ofensas, como también nosotros perdonamos a los que nos ofenden, y no nos dejes caer en la tentación, y líbranos del mal. Amén

¡Padre, Te amo, revela en nuestro interior el rostro de tu Hijo, pues sólo por Él, con Él, y en Él podemos llegar a Ti!

¡Padre, Te amo! Entro en tu Querer, es más dame tu mano y ponme Tú mismo en la inmensidad de tu Voluntad, a fin de que nada haga que no sea efecto de tu Santísimo Querer. ¡Padre, Te amo! Y me entrego todo a ti. ¡Padre, Te amo! Y porque te amo, te pido el reino de tu Voluntad.

ORACIÓN A MARÍA

Dios te salve, María, llena eres de gracia, el Señor es contigo, bendita eres entre todas las mujeres y bendito es el fruto de tu vientre, Jesús. Santa María, Madre de Dios, ruega por nosotros pecadores, ahora y en la hora de nuestra muerte. Amén

Bajo tu amparo nos acogemos, Santa Madre de Dios, no desoigas la oración de tus hijos necesitados, y líbranos de todo peligro, ¡oh siempre Virgen gloriosa y bendita!

FIN DEL ENCUENTRO
ORACIONES FINALES
CONSAGRACIÓN A LA DIVINA VOLUNTAD

Oh Voluntad Divina y adorable, heme aquí ante la inmensidad de tu Luz, para que tu eterna Bondad me abra las puertas, y me haga entrar en Ella, para formar mi vida toda en ti, Voluntad Divina.

Así pues, postrado ante tu Luz, yo, el mas pequeño entre todas las criaturas, vengo, Oh Adorable Voluntad, al pequeño grupo de los hijos de tu Fiat Supremo.

Postrado en mi nada, suplico, ruego a tu Luz que me envista, y eclipse todo lo que no te pertenece, de modo que no haga otra cosa que contemplar, comprender y vivir en ti, Voluntad Divina. Esta será mi vida, el centro de mi inteligencia, la que arrebate mi corazón y todo mi ser. En mi corazón no quiero que tenga más vida el querer humano; lo arrojaré fuera de él, y así formaré el nuevo Edén de paz, de felicidad y de amor. Con Ella seré siempre feliz, y tendré una fuerza única, y una Santidad que todo santifica y conduce a Dios.

Aquí postrado, invoco la ayuda de la Sacrosanta Trinidad, para que me admita a vivir en el claustro de la Divina Voluntad, y así, vuelva a mí el orden primero de la Creación, tal como fue creada la criatura.

Madre Celestial, Soberana Reina del Fiat Divino, tómame de la mano y enciérrame en la luz del Divino Querer. Tú serás mi guía, mi tierna Madre, y me enseñarás a vivir, y a mantenerme en el orden, y en los recintos de la Divina Voluntad. Soberana Celestial, a tu Corazón confío todo mi ser. Tú me darás clases de Divina Voluntad, y yo estaré atento a escucharte. Extenderás tu manto sobre mí, para que la serpiente infernal, no se atreva a penetrar en este sagrado Edén para seducirme, y hacerme caer en el laberinto del querer humano.

Corazón de mi Sumo Bien Jesús, Tú me darás tus llamas para que me incendien, me consuman, y me alimenten, para formar en mí la vida del Supremo Querer.

San José, tú serás mi protector, el custodio de mi corazón, y tendrás las llaves de mi querer en tus manos. Celosamente custodiarás mi corazón y nunca más me lo darás, para estar así seguro de no salirme jamás de la Voluntad de Dios

Ángel custodio mío, guárdame, defiéndeme, ayúdame en todo, para que mi vida sea llamada que atraiga a todos al Reino de la Divina Voluntad.

Corte del Cielo toda, dame tu ayuda, y yo viviré para siempre en la Voluntad Divina. Amén

ORACIÓN PARA PEDIR
LA BEATIFICACIÓN DE LUISA

Oh Santísima Trinidad,

Nuestro Salvador Jesucristo nos ha enseñando a pedir en nuestras oraciones, que sea siempre glorificado el nombre del Padre, que venga su Reino, y que se haga Su Voluntad.

Deseosos de extender este Reino de amor, de justicia y de paz, humildemente imploramos la glorificación de tu Sierva Luisa, la Pequeña Hija del Divino Querer, que con sus oraciones, su inmolación en el lecho del dolor, y su ardiente celo, contribuyó en gran medida a la difusión del Reino de Dios en el mundo, y a la salvación de las almas.

A ejemplo suyo, te suplicamos, Padre, Hijo y Espíritu Santo, nos ayudes a llevar con alegría, las cruces que nos tienes preparadas en la vida, para gloria de tu Nombre y para el bien nuestro. Amen

Aprobamos y permitimos la publicación,

Trani, Curia Arzobispal

† Carmelo Cassati

Arzobispo

ACCIÓN DE GRACIAS Y ORACIÓN A MARÍA

En tu Voluntad, Te damos gracias Señor, por todos tus beneficios, a Ti oh Dios omnipotente, que vives y reinas por los siglos de los siglos. Amén

Dulce Madre, no te alejes, tu vista de nosotros no apartes, ven con nosotros a todas partes, y nunca solos nos dejes, y ya que nos proteges tanto como verdadera Madre, haz que nos bendiga el Padre, el Hijo y el Espíritu Santo. Amén.